Erwin Ulmer

111 Orte im Hegau, die man gesehen haben muss

111

emons:

Bibliografische Information der Deutschen Nationalbibliothek
Die Deutsche Nationalbibliothek verzeichnet diese Publikation in der Deutschen Nationalbibliografie; detaillierte bibliografische Daten sind im Internet über http://dnb.d-nb.de abrufbar.

MIX
Papier | Fördert gute Waldnutzung
FSC® C083411
FSC
www.fsc.org

Covergestaltung: Karolin Meinert
Lektorat: Saskia Römer
Gestaltung: Anja Sauerland, nach einem Konzept von Lübbeke | Naumann | Thoben
Kartografie: velovia, www.velovia.bike, Christiane Weidle & Kristof Halasz

Druck und Bindung: CPI – Clausen & Bosse, Leck
Printed in Germany 2024
ISBN 978-3-7408-2117-3

Vorwort

Des »Herrgotts Kegelspiel« – so betitelte ein bekannter Heimatdichter einmal treffend den Hegau. Mit den Kegeln meinte er die neun Vulkane, die das Bild des Landstrichs prägen. Entstanden sind die Vulkane vor rund zehn Millionen Jahren als Folge gigantischer Erdverschiebungen, die glühendes Gesteinsmaterial aus dem Inneren an die Oberfläche beförderten. Geografisch erstreckt sich der Hegau nach einer Karte aus dem Jahr 1603 von der Donau im Norden, dem Schwarzwald im Westen, Konstanz im Osten bis zum Seerhein im Süden.

Der Hegau wurde sehr früh besiedelt, Funde aus allen Zeitepochen belegen dies. Steinzeitmenschen, Kelten, Römer, Alemannen wussten die Lieblichkeit der Gegend zu schätzen. Die Christianisierung Süddeutschlands nahm hier ihren Anfang und ließ auf der Insel Reichenau eine Hochkultur der Malerei, der Schreibkunst und der Dichtung entstehen. Zahlreiche Ritter bauten auf den Bergkegeln ihre Burgen und machten dadurch den Hegau zu einer der burgenreichsten Gegenden Europas. Auch heutzutage wissen die Hegauer ihre Heimat, das ausgeglichene Klima und den guten Boden wohl zu schätzen. Erzeugnisse von hier haben einen sehr guten Ruf, inklusive des Weins, der an der Südseite des Hohentwiel in der höchsten Lage Deutschlands wächst. Von der besonderen Qualität dieses Landstrichs sind die Besucher ebenso überzeugt. Da ist natürlich die Landschaft, die zum Wandern einlädt, die Wege führen immer wieder zu Aussichtspunkten mit atemberaubendem Panorama. Da ist die Kultur, vor allem auch Kunst, in hoher Dichte und Qualität. Denn dass es sich hier gut leben lässt, wussten auch prominente deutsche Dichter wie Hermann Hesse, Victor von Scheffel und Maler wie Otto Dix. Inspiriert durch das besondere Umfeld entstanden berühmte Romane und beeindruckende Gemälde. Und da ist die Gastfreundlichkeit, die zum Besuch der herrlichen Strandbäder einlädt, wo noch jeder ein schönes Plätzchen zum Entspannen finden kann und keine Angst vor unerträglichem Touristenrummel haben muss. Viel Spaß beim Entdecken!

111 Orte

1 Die Aachquelle | Aach
Erst dahinter wird es spannend | 10

2 Das Städtchen | Aach
Klein, aber oho | 12

3 Das Mühlenwegmuseum | Allensbach
Erinnerung an einen Abenteurer und Schriftsteller | 14

4 Das Wildgehege | Allensbach
Mit dem Wolf auf Augenhöhe | 16

5 Der Trompeter | Bad Säckingen
Dichtung und Wahrheit | 18

6 Die Sauschwänzlebahn | Blumberg
Ein Wunderwerk der Eisenbahnbaukunst | 20

7 Der Kompromissbach | Blumberg-Riedöschingen
Wenn Kompromisse Frieden bringen | 22

8 Die Straußenfarm | Blumberg-Riedöschingen
Was haben die bloß für einen Vogel? | 24

9 Der Aidafant | Bodman
Einmal Bregenz und zurück | 26

10 Der Frauenberg | Bodman
Seit Jahrhunderten in guter Nachbarschaft | 28

11 Lenks Skulpturengarten | Bodman
Provokante Perfektion | 30

12 Der Seeuferweg | Bodman
Natur in höchster Vollendung | 32

13 Eine deutsche Exklave | Büsingen
Klein-Absurdistan am Rhein | 34

14 Die Holzbrücke | Diessenhofen / Gailingen
Vorsicht, Kopf einziehen! | 36

15 Der Bergfried | Eigeltingen-Honstetten
Rätselhafte Überbleibsel | 38

16 Der Feuchtmayer-Altar | Emmingen-Liptingen
Huldigung zweier Herren | 40

17 Die Pestkreuze | Emmingen-Liptingen
Wanderer flieh, hier haust die Pest | 42

18 Die Schenkenbergkapelle | Emmingen-Liptingen
Wo sich Rottweil in den Hegau verirrte | 44

19 Der Witthoh | Emmingen-Liptingen
Zufluchtsort für nebelgeplagte Bodenseebewohner | 46

20 Die Altstadtsanierung | Engen
Ein Brief nach Hause | 48

21 Die Autobahnkapelle | Engen
Ein Rastplatz für die Seele | 50

22 Die Hegauvulkane | Engen
Des Herrgotts Kegelspiel | 52

23 Die Martinssäule | Engen
Ein aktuell bleibendes »Denk-mal-nach« | 54

24 Museum und Galerie | Engen
Was macht ein Museum lebendig? | 56

25 Das Napoleonseck | Engen
Napoleon war dort nie, aber die Post | 58

26 Die Stadtpfarrkirche | Engen
Wo Hund und Löwe begraben liegen | 60

27 Die Venus vom Brudertal | Engen
Die Eiszeit, eine Blütezeit der Kultur und Technik | 62

28 Die Insel Werd | Eschenz (CH)
Ein Ort der Stille und Einkehr | 64

29 Das Hesse Museum | Gaienhofen
Idyllischer Familienstart | 66

30 Die Schiffslände | Gaienhofen
Hesses Tor nach draußen | 68

31 Das Otto-Dix-Haus | Gaienhofen-Hemmenhofen
Vom Fluchtort zur lebenslangen Bleibe | 70

32 Der Friedhof | Gaienhofen-Horn
Tod mit Aussicht | 72

33 Das Jüdische Museum | Gailingen
Dramatische Erinnerungen | 74

34 Der Bahnhof | Gottmadingen
Als Lenin ein Ticket 2. Klasse kaufte | 76

35 Das Schloss | Gottmadingen-Randegg
In zweifacher Hinsicht vom NS-Regime betroffen | 78

36 Das Kloster | Hegne
Eine Auszeit vom Alltag | 80

37 Das Bürger- und Bauernmuseum | Hilzingen
Das Diorama mit einer Szene aus dem Bauernkrieg | 82

38 St. Peter und Paul | Hilzingen
Der Erntedankteppich | 84

39 Das Weingut Vollmayer | Hilzingen
Höchstlagig und höchstgradig | 86

40 Die Waldrappaufzucht | Hilzingen-Binningen
Eine Vogelart erfolgreich vor dem Aussterben bewahrt | 88

41 Der Burgstall | Hilzingen-Riedheim
Ein Unterschlupf für Mensch und Tier | 90

42 Der Hohenstoffeln | Hilzingen-Weiterdingen
Kampf ums Überleben bis ins 20. Jahrhundert | 92

43 Der Krater Höwenegg | Immendingen
Vom Basaltsteinbruch zum Naturjuwel | 94

44 Das Rehletal | Immendingen-Hattingen
Nicht nur Frauenschuh | 96

45 Die Witthohkirchlein | Immendingen-Hattingen
Gegensätzlicher geht es nicht | 98

46 Der Müller-Thurgau | Immenstaad
Wenn Schmuggelgut zum Verkaufsschlager wird | 100

47 Das ALM | Konstanz
Geschichte kann so spannend sein | 102

48 Das Hus-Museum | Konstanz
Von der Gans zum Schwan | 104

49 Die Imperia | Konstanz
Was steckt hinter dem neuen Konstanzer Wahrzeichen? | 106

50 Die Krypta im Münster | Konstanz
Geheimnisvoll beeindruckend | 108

51 Das Museumscafé im Rosgartenmuseum | Konstanz
Im Sommer kühl und im Winter heimelig | 110

52 Die Kunstgrenze | Konstanz-Kreuzlingen
Ungewöhnliche Historie | 112

53 Hafengeschichten | Ludwigshafen
Wie aus Sernatingen Ludwigshafen wurde | 114

54 Die Höri-Bülle | Moos-Iznang
Eine besondere Delikatesse | 116

55 Die Ruine Mägdeberg | Mühlhausen-Ehingen
Die Burg, die Ruine und die Frauen | 118

56 Der ehemalige Bahnhof | Mühlingen-Schwackenreute
Aufgegeben, aber nicht abgebrochen | 120

57 Die Stallscheune | Neuhausen ob Eck und Haberstenweiler
Ein Haus lebt zweimal | 122

58 Die Bodenseefischerei | Öhningen
Warum die Felchen selten werden | 124

59 Die Petruskirche | Öhningen-Kattenhorn
Die Glasfenster von Otto Dix | 126

60 Das Dorflädele | Öhningen-Schienen
Gemeinsam statt einsam | 128

61 Das Ferienhaus mit Kapelle | Öhningen-Schienen
Erholung in sakral-meditativer Umgebung | 130

62 Der Unterhölzer Wald | Pfohren
Die Rückkehr des Wolfs | 132

63 Die ehemalige SS-Kaserne | Radolfzell
Erinnerung an eine dunkle Vergangenheit | 134

64 El Niño | Radolfzell
Der textilfreie Wasserstandsmesser | 136

65 Der Hausherrenschrein | Radolfzell
Ganz schön viel Rummel wegen drei kleiner Reliquien | 138

66 Die Liebesinsel | Radolfzell
Mein lieber Schwan! | 140

67 Das Scheffelschlösschen | Radolfzell
Von Dichtkunst und Wahrheit | 142

68 Das Solarschiff | Radolfzell
Die leiseste Art, den Bodensee zu genießen | 144

69 Das Max-Planck-Institut | Radolfzell-Möggingen
Wo ein Hühnerstall zum Multimediahaus wurde | 146

70 Der Mindelsee | Radolfzell-Möggingen
Erholsam und artenreich | 148

71 Der seltsame Grenzort | Ramsen (CH)
Von Moskau nach Petersburg in fünf Minuten | 150

72 1.200 Jahre Gartenkunst | Reichenau
Von Walahfrid Strabo bis Karin Böhler | 152

73 Die Kirche St. Georg | Reichenau
Die Wandmalereien | 154

74 Das Museum Reichenau | Reichenau
Exkursion in die Anfänge der abendländischen Kultur | 156

75 Die Glasbläserei | Rielasingen-Worblingen
Uralte Handwerkskunst – auch heute noch gefragt | 158

76 Der Skulpturenweg | Rielasingen-Worblingen
Kunstgewordene Völkerfreundschaft | 160

77 Abt Anselm II. Schwab | Salem
Ein Topmanager im Prälatengewand | 162

78 Der Affenberg | Salem
Arterhaltung mit unterhaltsamer Wissenserweiterung | 164

79 Das Feuchtmayer Museum | Salem-Mimmenhausen
Wo und wie ein großer Barockkünstler arbeitete | 166

80 Das Napoleonschloss | Salenstein (CH)
Kaiserlicher Glanz am Bodensee | 168

81 Das Munotglöggli | Schaffhausen (CH)
Von Hand geläutet und oft besungen | 170

82 Das Museum zu Allerheiligen | Schaffhausen (CH)
280.000 Objekte, alles in einem Kloster | 172

83 Das Archäologische Hegau-Museum | Singen
Kindergeburtstag mit Kuchen und Geschichte | 174

84 Das Café Hanser | Singen
Historisch im doppelten Sinn | 176

85 Die Festung Hohentwiel | Singen
Nie erobert und doch zerstört | 178

86 Der Hohenkrähen | Singen
Des Hegaus spannendster Spielplatz | 180

87 Das Kunstmuseum | Singen
Vergangenheit bewahren, Gegenwart erleben | 182

88 Das MAC | Singen
Wo große Kunst und schöne Autos sich begegnen | 184

89 Das Maggi-Werk | Singen
Nahrhaft und sozial | 186

90 Der Poppelebrunnen | Singen
Als ein Burgherr zum Geist wurde | 188

91 Die Scheffelbrücke | Singen
Teuerste Brücke der Welt | 190

92 Die SkulpTour | Singen
Goldene Äpfelwerfer und meditative Bauarbeiter | 192

93 Die Gartenmanufaktur | Singen-Bohlingen
Die hohe Kunst des Gärtnerns | 194

94 Das Kloster St. Georgen | Stein am Rhein (CH)
Postkartenmotiv mit religiöser Geschichte | 196

95 Die Krippenwelt | Stein am Rhein (CH)
Das größte Museum seiner Art in der Schweiz | 198

96 Das Museum Lindwurm | Stein am Rhein (CH)
Authentisches Leben in einer Kleinstadt | 200

97 Der Weiße Adler | Stein am Rhein (CH)
Ein Decamerone an der Hausfassade | 202

98 Hans Kuony | Stockach
Vom Ursprung des Stockacher Narrengerichts | 204

99 Die Heidenhöhlen | Stockach
Rätselhaft von hinten bis vorne | 206

100 Die Kürbisse | Stockach
Ganz im Trend und in großer Sortenvielfalt | 208

101 Das Seilerhaus | Stockach
Eine Reeperbahn am Bodensee | 210

102 Das Tor zum Bodensee | Stockach
Grüß Gott und Adieu als Kunstwerk | 212

103 Das Diorama im Rathaus | Stockach-Raithaslach
Eine Darstellung der Schlacht von Stockach von 1799 | 214

104 Die Mosterei Baur | Stockach-Raithaslach
Ökologie, hocheffizient und nachhaltig | 216

105 Der Heckerzug | Stockach-Wahlwies
Ein kleines Dorf zeigt große Begeisterung | 218

106 Der dicke Graf | Tengen
Vom korpulenten Helden zur Fasnetsfigur | 220

107 Der schwarze Schwan | Tengen-Blumenfeld
Symbol mit doppelter Bedeutung | 222

108 Der römische Gutshof | Tengen-Büßlingen
Fast wie im Schlaraffenland | 224

109 Pfarrer Eugen Weiler | Tengen-Wiechs am Randen
Fluchthelfer, KZ-Häftling, Lkw-Fahrer und Priester | 226

110 Der Goldbacher Stollen | Überlingen
Ein düsteres Kapitel unserer Regionalgeschichte | 228

111 Der alte Postweg | Watterdingen
Wanderlustiger Geografieunterricht | 230

1 Die Aachquelle

Erst dahinter wird es spannend

Die Aachquelle ist die wasserreichste Karstquelle Deutschlands. Durchschnittlich 8.590 Liter kommen jede Sekunde unterhalb der kleinen Holzbrücke aus den Tiefen hervor. Das Wasser sammelt sich in einem kleinen See namens Aachtopf und fließt dann am anderen Ende Richtung Singen. Nach etwa 32 Kilometern mündet die Aach in den Bodensee.

Sonderlich spektakulär ist die Quelle von außen nicht, aber was sich dahinter verbirgt, ist außergewöhnlich. Zuerst einmal die Frage, woher kommt denn das ganze Wasser? Es wurde viel herumspekuliert, zuletzt vermutete man, dass es aus Versickerungsstellen der Donau, unter anderem bei Immendingen, und einiger kleinerer Flüsse stammt. Und die Forscher hatten recht. Um das zu beweisen, leerten sie fluoreszierende Farbe, Öl und Salz in die Versickerungslöcher, und tatsächlich kamen nach 60 Stunden alle drei Substanzen im Quelltopf wieder zum Vorschein.

Jetzt gingen die Höhlentaucher ans Werk. Sie standen vor einer Herausforderung, die der Erstbesteigung der Eiger-Nordwand gleichkam, hier wie dort kamen Menschen ums Leben. Schon 1886 gab es den ersten Tauchversuch bis in zwölf Meter Tiefe. Dort ist eine fast unüberwindbare Engstelle, heute als Düse benannt, wo das Wasser eine sehr starke Strömung hat.

Erst etliche Jahre später schafften es Taucher, diese Stelle zu überwinden. Dahinter erschloss sich ihnen eine riesige Halle, an deren Ende ein Erdeinbruch ein Weiterkommen unmöglich machte. Doch auch dieses Hindernis konnte man schließlich überwinden, indem man am oberen Rande der über dem Erdeinbruch liegenden Doline einen über 100 Meter tiefen Schacht grub. Dieser Schacht ermöglichte weitere Erkenntnisse in der Erforschung dieses gewaltigen Naturschauspiels.

Und noch eine Sensation entdeckten die Taucher im Jahr 2015: den ersten Höhlenfisch Europas, ein Überbleibsel aus der Eiszeit.

Adresse 78267 Aach, Hinweis: Auf keinen Fall eigenständige Tauchversuche, sondern nur mit Höhlentaucherausbildung und Anmeldung! | Anfahrt A81, Ausfahrt Engen-Ost, weiter auf L194 zwischen Stockach und Engen, die Aachquelle liegt am Ortseingang von Aach, genügend Parkplätze vorhanden | Tipp Gasthaus Jägermühle, direkt am Aachtopf. Gemütlich und bodenständig.

2 Das Städtchen

Klein, aber oho

Wer sich dem Städtchen Aach vom sogenannten Oberdorf nähert, muss zuerst ein stattliches Torgebäude durchqueren. Doch kaum hat man dieses Tor hinter sich, steht man vor einem weiteren. Zwei Tore hintereinander, das ist eine Besonderheit, der man selbst in alten historischen Städten kaum begegnet. Diese Bauweise hat einen verteidigungstechnischen Hintergrund: Wenn bei einer Belagerung die Angreifer das erste Stadttor erobert hatten, mussten sie den sogenannten Zwinger durchqueren. Das ist der Raum zwischen den beiden Toren. Hier konnten dann die Eindringlinge von allen Seiten mit Steinen beworfen und mit Pfeilen beschossen werden. Diese Schutzmaßnahme lohnte sich durchaus, denn immer wieder versuchten verschiedene Parteien, der Stadt Herr zu werden.

So besetzten im Deutschen Bauernkrieg Aufständische den Ort. Die Einwohner zeigten sich solidarisch mit deren Sorgen, waren sie doch selbst zum großen Teil Bauern. Im Dreißigjährigen Krieg hatten die Aacher unter mehreren Angriffen und Besatzern zu leiden, die zu allem Überfluss auch noch die Pest einschleppten. Dieser Epidemie fielen viele Bürger zum Opfer. Dass Aach schon 1283 zur Stadt erhoben wurde, ist besonders den Habsburgern zu verdanken. Und das hatte auch finanzielle Vorteile, denn mit dem Stadtrecht war das Recht zum Abhalten eines Marktes verbunden.

Fast jeder Ort hat seine Originale. In Aach gehört Kaplan Kalt auf jeden Fall dazu. Dieser stellte in den 50er Jahren einen hervorragenden Sekt in seinem Weinkeller her, gewährte aber niemandem Zutritt zu diesem Raum. Als seine Vorgesetzten ihn sehen wollten, tat er, als ob er schwerhörig wäre, und verhinderte so die Visitation. Auch heute sind die Aacher stolz auf ihre Stadt, was der folgende Satz deutlich zum Ausdruck bringt: »Engen, Tengen, Blumenfeld sind die schönsten Städt der Welt, doch die schönste Stadt im Ruhmesblatt ist Aach die Stadt.«

Adresse 78267 Aach | Anfahrt A81, Ausfahrt Engen, L194 nach Aach, von der Hauptstraße in die Stadtstraße abbiegen | Tipp In der Altstadt gibt es ein Aussichtsplateau, das einen großartigen Ausblick auf die Hegauberge gewährt.

3 Das Mühlenwegmuseum

Erinnerung an einen Abenteurer und Schriftsteller

Ist Ihnen Fritz Mühlenweg bekannt? Falls nicht, gehören Sie eher der jüngeren Generation an, denn in den 50er und 60er Jahren war er ein viel gelesener und preisgekrönter Buchautor. Sein Roman »In geheimer Mission durch die Wüste Gobi« war so erfolgreich, dass er in acht Sprachen übersetzt wurde. Das Buch traf den Nerv der Zeit. Er schilderte darin seine Erlebnisse während seiner Reisen durch die Mongolei.

Allein auf seiner ersten Expedition, die er als Begleiter von Sven Hedin unternahm und die 15 Monate dauerte, legte er 2.500 Kilometer zurück. Es sollten noch zwei weitere Forschungsreisen in dieses ferne, unbekannte Land folgen. Fritz Mühlenweg wurde dabei zu einem ausgezeichneten Experten der für Europäer damals vollkommen fremden Kultur. Mühlenweg schrieb nicht nur Tagebuch, er filmte, fotografierte und malte auch und schuf so wertvolle Zeitdokumente. Sein zweiter großer Bucherfolg war die Übersetzung des »Glücklichen Löwen« von Louise Fatio aus dem Französischen ins Deutsche. Dieses heute noch beliebte Kinderbuch erhielt 1956 den Deutschen Jugendbuchpreis.

Mühlenweg wurde 1898 in Konstanz geboren, arbeitete zuerst in der Drogerie des Vaters, studierte nach seinen Reisen ab 1932 Kunst in Wien, brach aber das Studium bald ab. Nach der Heirat lebte er mit seinen sieben Kindern in Allensbach als freischaffender, aber nicht sehr erfolgreicher Künstler. Sein literarischer Durchbruch gelang ihm erst Anfang der 50er Jahre. 1961 starb er in Allensbach.

Die Gemeinde Allensbach hat ihm ein eigenes Museum gewidmet. Dort wird anhand von Hörstationen, Textstellen, Fotos, Filmausschnitten und originalen Erinnerungsstücken wie seinen Skiern und einem Höhenmesser an Mühlenweg erinnert. In Schubladen befinden sich Briefwechsel mit seinen Freunden Otto Dix und Julius Bissier. Der kleinste Raum zeigt die räumliche Enge, in der seine neunköpfige Familie leben musste.

Adresse im Bahnhof, Konstanzer Straße 12, 78476 Allensbach | Anfahrt A81, B33 Richtung Konstanz, Ausfahrt Allensbach, die Straße führt direkt zum Bahnhof | Öffnungszeiten 16. Sept.–Mai Mo–Fr 9–12 und 14–17 Uhr, Juni–15. Sept. Mo–Fr 9–18 Uhr, Sa 10–13 Uhr | Tipp Allensbach besitzt einen schönen, eher unbekannten Badestrand mit einem großen, gepflegten Campingplatz.

4 Das Wildgehege

Mit dem Wolf auf Augenhöhe

Das war ein besonderer Moment für die Mitarbeiter des Wild- und Freizeitparks Allensbach. Anfang 2022 bekamen die beiden mächtigen Braunbären neue Mitbewohner in ihrem 2,5 Hektar umfassenden Wildgehege, nämlich zwei Polarwölfe aus einem norddeutschen Zoo. Es ist ein Experiment, denn beide Tierarten sind Raubtiere und besitzen ein spezifisches Verhalten. Doch die Gestaltung dieses Wildgeheges ist geeignet für ein Zusammenleben, weil die Wölfe einen Rückzugsbereich zur Verfügung haben, in dem sie ungestört fressen und schlafen können. »Angst haben die Wölfe vor dem Bär nicht, aber Respekt. Jedoch wissen sie auch ganz genau, wann sie sich aus dem Weg gehen müssen«, meint Martina Schleith, die Leiterin des Parks. Sie plant sogar, noch ein weiteres Wolfspaar ins Gehege zu bringen.

Während die Wölfe im Freizeitpark eine Attraktion darstellen, bereiten die mittlerweile fast 200 Wolfsrudel in Deutschland besonders der Landwirtschaft viel Sorgen. Immerhin töteten sie im Jahre 2021 fast 3.500 Tiere. Hauptsächlich fallen den Wölfen Schafe und Ziegen zum Opfer, aber auch Kälber und Kühe wurden angegriffen. Man kann durchaus den Zorn der Nutztierhalter verstehen, wenn ein Rudel Wölfe über eine Herde herfällt wie im August 2023. Da überwanden die Raubtiere einen angeblich wolfssicheren Schutzzaun und töteten 55 Schafe. Während andere Kleinraubtiere normalerweise nur so viel jagen, wie sie brauchen, um ihren Hunger zu stillen, empfinden die Menschen dies als reine Mordlust. Da besteht noch einiger Klärungsbedarf zwischen Naturschützern und Nutztierhaltern.

In diesem Fall ist das Wildgehege in Allensbach eine gute Lösung. Hier können die verschiedensten Tiere wie Wisente, Luchse, Falken, Rehe, Hirsche, Murmeltiere und mehr in Frieden koexistieren und dürfen von Kindern wie Erwachsenen bewundert werden, ohne Angst haben zu müssen.

Adresse Wild- und Freizeitpark Allensbach, Gemeinmärk 7, 78476 Allensbach | **Anfahrt** A81, B33 Richtung Konstanz, Ausfahrt Markelfingen, ausgeschildert | **Öffnungszeiten** täglich Jan.–April und Okt.–Dez. 10–18.30 Uhr, Mai–Sept. 9–18.30 Uhr (Kasse bis 17 Uhr) | **Tipp** Von Markelfingen führt ein sehr schöner Wanderweg am Mindelsee vorbei zum Freizeitpark.

5 Der Trompeter

Dichtung und Wahrheit

Als Joseph Victor von Scheffel um das Jahr 1850 als Rechtspraktikant in Säckingen weilte, stieß er an der Außenwand der Fridolinskirche auf ein außergewöhnliches Grabdenkmal, das von der Liebesgeschichte eines Paares unterschiedlichen Standes im 17. Jahrhundert erzählte. Diese Tafel war die Inspiration für sein Versepos mit dem Titel »Der Trompeter von Säckingen«. Inhaltlich wich es stark von der ursprünglichen Geschichte ab. Besonders die Hauptfigur, der Säckinger Trompeter, war eine Idee Scheffels. Der Trompeter scheiterte am Standesunterschied zwischen ihm und seiner adligen Geliebten und verließ Säckingen in Richtung Italien. Am gegenüberliegenden Rheinufer blies er noch ein Abschiedslied für sie. In Rom hob der Papst persönlich den Trompeter in den Adelsstand, und so konnte er seine Geliebte doch noch heiraten.

Es dauerte etliche Jahre, bis die Bevölkerung dieses Versepos für sich entdeckte. Es traf dann genau den Nerv der Zeit und wurde wie Scheffels Roman »Ekkehard« ein Bestseller. Insgesamt wurden über 500.000 Exemplare seiner Werke bereits zu seinen Lebzeiten verkauft. Die Einnahmen ermöglichten ihm den Erwerb eines großen Grundstücks in Radolfzell, worauf er ein Schlösschen bauen ließ. Er wurde in den Adelsstand erhoben, erhielt eine Menge Ehrungen. Victor Ernst Nesslers Oper »Der Trompeter von Säckingen« wurde 1884 im Leipziger Schauspielhaus mit großem Erfolg uraufgeführt.

Privat hatte Scheffel weniger Glück. Er verliebte sich unsterblich in seine Cousine Emma Koch-Heim, die aber schon einem anderen versprochen war. Stattdessen heiratete er 1864 Carolin Freiin von Malsen. Die Ehe zerbrach schon nach kurzer Zeit. Emma jedoch verewigte er im »Trompeter« literarisch in der Rolle der Margareta, sich selbst als Jung Werner. Das Lied »Behüt dich Gott, es wär so schön gewesen« ist nichts anderes als eine innige Liebeserklärung.

Adresse umfangreiche Schau zum Thema Victor von Scheffel und dem Trompeter von Säckingen in Schloss Schönau, Schönaugasse 5, 79713 Bad Säckingen | **Anfahrt** B34 führt sehr nahe am Stadtzentrum vorbei | **Öffnungszeiten** April–Okt. Do–So 14–17 Uhr, Nov.–März Do und So 14–17 Uhr | **Tipp** Schloss Schönau beherbergt auch eine große Trompetenausstellung. Wer Glück hat, kann den heutigen Trompeter (m/w) von Säckingen auf der Treppe des Schlosses erleben, wenn das berühmte Trompeterlied intoniert wird.

6 Die Sauschwänzlebahn

Ein Wunderwerk der Eisenbahnbaukunst

Wenn heutzutage die Fahrgäste in Blumberg froh gelaunt in die liebevoll gestalteten, altmodischen Waggons der Sauschwänzlebahn einsteigen und dann bei Feierlaune die Sektkorken knallen, sind sich die meisten Mitfahrer nicht bewusst, dass bei all der Schönheit der Landschaft der Bau dieser Bahnlinie zu den großartigsten Pionierleistungen des deutschen Eisenbahnwesens gehört.

Dabei war die Idee, in dieser waldreichen, bergigen Schwarzwaldregion mit dünner Besiedelung eine Bahnlinie zu bauen, der deutschen Militärpolitik zu verdanken. Man traute dem 1871 geschlossenen Friedensvertrag mit Frankreich nicht richtig, und so musste eine Möglichkeit geschaffen werden, aus der Festung Ulm in möglichst kurzer Zeit große Truppenteile ins Elsass an die deutsch-französische Grenze zu transportieren. Sicherlich hätte man sich ohne diese militärische Notwendigkeit nie auf eine solch schwierige Aufgabe eingelassen. Allein ein Bauprotokoll gibt Aufschluss über den Aufwand, der für den Bau eines fünf Kilometer langen Streckenteils mit Tunnel betrieben werden musste. Es waren circa eine halbe Million Kubikmeter Erdmasse und Baumaterialien zu bewegen. Das wurde von über 800 Arbeitern unterschiedlicher Bauberufe in zwei Schichten zu zwölf Stunden geleistet. Sie kamen zum größten Teil aus Italien, weil die Arbeitskräfte aus der Region »weder Geschick noch Neigung für eine solche Arbeit besaßen«.

Das Projekt wurde trotz der vielen Tunnel, stählernen Viadukte und geologischen Herausforderungen in drei Jahren vollendet. Leider verunglückten bei den Arbeiten insgesamt 21 Menschen tödlich.

Trotzdem haben alle am Bau Beteiligten größte Bewunderung verdient, allein schon, wenn man im Vergleich dazu einen Blick auf die jetzige Baustelle am Stuttgarter Bahnhof wirft, die trotz modernster Technik gefühlt einfach nicht fertig wird und deren Kosten ins Unermessliche steigen.

Adresse Bahnhofstraße 1, 78176 Blumberg | Anfahrt B27 nach Blumberg, dort direkt neben dem Bahnübergang | Öffnungszeiten Fahrplan auf sauschwaenzlebahn.de | Tipp Der Bahnhof Blumberg bietet Gastronomie, einen Souvenirladen in einem Waggon und vor allem ein großartiges Museum über die Sauschwänzlebahn mit vielen originalen Ausstellungsstücken und Geländenachbildungen. Ein Eldorado für jeden Eisenbahnliebhaber.

7 Der Kompromissbach

Wenn Kompromisse Frieden bringen

In Baden-Württemberg gibt es Hunderte von fließenden Gewässern. Ihre Namen, vor allem die der kleineren, sind meist nur in nächster Umgebung bekannt. So würde es auch dem Kompromissbach, der durch das Dorf Riedöschingen in der Nähe von Blumberg fließt, ergehen, aber dank einer ungewöhnlichen, rührenden Geschichte hat er einen gewissen Bekanntheitsgrad erreicht.

Vor mehreren Jahrzehnten adoptierte das Ehepaar Bart aus Riedöschingen vier Kinder aus verschiedenen Waisenhäusern in Indien. Sie wuchsen als Geschwister in dem kleinen Ort auf und gingen dort zur Schule. Zusätzlich lernten alle vier ein Streichinstrument und fanden viel Spaß am gemeinsamen Musizieren. Schon bald traten sie auf Brauchtumsveranstaltungen auf und wurden im Nu im ganzen Land bekannt als die Kompromissbach-Musikanten. Der Bach, der durch den Ort fließt, wurde zum Namensgeber und weckte die Neugier etlicher Menschen.

Der Bach selbst erhielt seinen ungewöhnlichen Namen, da sein Verlauf oft zu Konflikten führte: Er floss mitten durch die Grundstücke der Bauern und erschwerte ein vernünftiges Arbeiten auf den Feldern, da sie den Bach immer wieder überqueren mussten. Zusätzlich suchte sich das Wasser vor allem nach einem Hochwasser gerne ein neues Bachbett. Dem einen wurde dadurch ein Stück seines Feldes weggerissen, und der andere war plötzlich um ein Stück Land reicher. Darum setzten sich die betroffenen Landwirte schließlich an einen Tisch und fanden einen Kompromiss. Das Bachbett wurde erneuert und so gestaltet, dass jetzt vernünftig gearbeitet werden konnte und keine Reibereien mehr entstanden. Der neue Name des Gewässers war geboren.

Aber nicht nur im Kleinen, auch im Großen bilden Gewässer eine klare Grenze. Mit einer Ausnahme: dem Hochrhein zwischen der Schweiz und Deutschland. Hier hat man trotz vieler Verhandlungen noch immer keinen Kompromiss gefunden.

Adresse 78176 Blumberg-Riedöschingen | Anfahrt von B27 auf L185, zwischen Kirchen-Hausen und Blumberg auf Höhe von Gasthof Längestadel auf K5755 nach Riedöschingen abbiegen | Tipp Am Südende des Ortes führt ein Weg gleichen Namens zum Blauen Stein, einer Gruppe von bis zu zwölf Meter hohen Basaltsäulen, die bei entsprechender Witterung blau leuchten.

8 Die Straußenfarm

Was haben die bloß für einen Vogel?

Was macht ein Landwirt, wenn er seinen angestammten Bauernhof in der vierten Generation übernimmt und realisiert, dass er in der heutigen Zeit mit der vorhandenen Größe nicht mehr rentabel wirtschaften kann? Er gibt entweder auf oder er sucht sich eine Nische. Diese Nische hat Ingfried Kurz in Form einer Straußenfarm gefunden.

Schon am Eingang des Hofes wird man von der größten Vogelart der Welt begrüßt. Bis zu drei Meter groß werden die Tiere und bis zu 150 Kilo schwer. Das beeindruckt spontan, ebenso wie ihr sehr ungewöhnlicher Gesichtsausdruck mit den geradezu menschlichen Zügen. Die Tiere bewegen sich das ganze Jahr im Freien, nur die Küken werden im Stall aufgezogen.

Selbstverständlich werden die entstehenden Produkte selbst vermarktet. Dazu steht ein kleiner Laden zur Verfügung, in dem nicht nur Fleisch, sondern auch die riesigen Straußeneier, roh oder zu kleinen Kunstwerken verarbeitet, Lederwaren verschiedenster Art aus Straußenleder oder der unglaublich weiche Staubwedel aus den Federn des Vogels angeboten werden. Man kann sich vorstellen, welches Erstaunen es auslöst, wenn in der Pfanne das Ei von einem Strauß brutzelt.

Der ehemalige Kuhstall wurde zu einem urgemütlichen Restaurant umgebaut, in dem Eventgastronomie angeboten wird. Bis zu 50 Personen können hier geleichzeitig bewirtet werden und Hochzeit, Geburtstag oder eine Betriebsfeier abhalten. Und das mit preisgekrönter Küche.

Am wohl schwärzesten Tag in der Geschichte des Hofes mussten wegen einer Vogelgrippeansteckung alle Tiere gekeult werden. Ein herber Verlust, eine menschliche und wirtschaftliche Tragödie. Vielleicht war das der Grund, warum man sich auf dem Hof noch eine weitere Tierart zulegte. Auf den Wiesen weiden jetzt auch Auerochsen, eine Rückzüchtung der Rindertierart, die vor Tausenden Jahren unsere Landschaft prägte.

Adresse Steppacher Hof, Steppacherhof 1, 78176 Blumberg-Riedöschingen | Anfahrt B27, auf der L185 von Blumberg nach Geisingen auf Höhe Längestadel Richtung Riedöschingen abbiegen, dort nach dem Bahnübergang rechts am Bahnhof vorbei, nach circa 2 Kilometern erscheint der Steppacher Hof | Öffnungszeiten Hofladen Sa 16–18 Uhr, Fleisch auf Anfrage | Tipp Zum Besuch des Anwesens lohnt es sich, eine Führung zu buchen. Man kann dabei viel Wissenswertes und Spannendes erfahren (Tel. 07702/411227).

9 Der Aidafant

Einmal Bregenz und zurück

Es ist der Sommer 2009. Bei den Bregenzer Festspielen steht in diesem und im nächsten Jahr Verdis Oper »Aida« auf dem Programm. Wie immer haben die Verantwortlichen und vor allem die Kulissengestalter eine gigantische Bühne im See vor der Tribüne gestaltet. Die Oper wird mit über 200.000 Besuchern zur erfolgreichsten Aufführung aller bisherigen Festspiele. Einer der Hauptdarsteller ist keine Person, sondern ein riesiger Elefant, viermal so groß wie sein afrikanisches Vorbild. Die Stahlkonstruktion ist zur Hälfte mit kupferbeschichteten Styroporteilen bedeckt. Bei der anderen Hälfte kann man den stählernen Unterbau erkennen.

Der Auftritt erfolgt in der Szene, als der erfolgreiche Feldherr, musikalisch untermalt vom berühmten Triumphmarsch, von rechts auf dem Kopf des Elefanten stehend in die Szene gleitet. Der Elefant selbst steht auf einem Arbeitsboot, das ihn unauffällig in die gigantische Kulisse trägt. Neben dem Feldherrn fahren noch einige Mitstreiter im Gerüst herumturnend mit.

Der »Aidafant« wurde von Theaterspezialisten nach einer Idee des Bühnenbildners Paul Brown in Südfrankreich in einem alten Weinlager gebaut und per Boot angeliefert. Bei etwa 80 Aufführungen hat er seine Aufgabe zur vollsten Zufriedenheit der Besucher erfüllt.

Es wäre viel zu schade, dachten die Opernleute, dieses besondere Requisit einfach zu zerlegen und dem Recycling zuzuführen. Deswegen wurde es wieder auf dem Arbeitsboot quer durch den Bodensee bis zum gegenüberliegenden Ende in Bodman befördert. Der Elefant erlebte noch einmal einen vielbeachteten Triumphzug, denn solch ein riesiges Gebilde schippert schließlich nicht alle Tage über das Wasser. In Bodman fand er einen festen Ehrenplatz auf dem Betriebsgelände der Firma Hettich und ist mittlerweile zu einer viel fotografierten Touristenattraktion geworden.

Adresse Im Weiler 19, Bodman-Ludwigshafen | Anfahrt A98, Ausfahrt Stockach-Ost, weiter nach Bodman, der Aidafant ist schon vom 1. Kreisverkehr aus zu sehen | Tipp Vom Bahnhof in Ludwigshafen führt ein wunderschöner Wanderweg entlang des Sees. In der ehemaligen Torkel gibt es ein viel beachtetes Urweltmuseum.

10 Der Frauenberg

Seit Jahrhunderten in guter Nachbarschaft

Im Jahre 1307 schlug während eines Festgelages in die Burg der Herren von Bodman der Blitz ein, das ganze Gebäude stand sofort in Flammen. In ihrer Verzweiflung packte die Amme des jüngsten Bewohners, Johannes von Bodman, ihren Schützling gut gepolstert in einen Kessel und warf ihn aus dem Fenster. Der Säugling überlebte unverletzt, während alle anderen in den Flammen umkamen. Auf diese Weise blieb das Geschlecht derer von Bodman erhalten. Aus Dankbarkeit für die Rettung schenkten die Herren von Bodman das Grundstück zusammen mit einem Gutshof dem Kloster Salem. Dafür musste das Kloster dort eine Kapelle und ein Priesterhaus, den Frauenberg, errichten, welches heute noch von Weitem auf einem Bergsporn 200 Meter oberhalb des Sees gut zu sehen ist.

Der Frauenberg wird heute wieder von einer der katholischen Kirche nahestehenden Glaubensgemeinschaft bewohnt, nachdem hier zwischenzeitlich eine Jugendherberge, ein Künstleratelier und ein Puppenmuseum untergebracht waren. Das Innere kann eingeschränkt besichtigt werden. Das Prunkstück, die Burgkapelle, ist ausgestattet mit Marienfiguren und einer Pietà aus dem 15. Jahrhundert, der Altar stammt nachgewiesenermaßen aus dem Jahre 1705.

Die Ruine Bodman ist dank ihrem 37 Meter hohen Bergfried von Westen her weithin sichtbar. Mittlerweile ist die Ruine so gut instandgesetzt, dass sie gefahrlos besucht werden kann. Wer die 141 Stufen zur Spitze des Bergfrieds geschafft hat, der wird mit einer phantastischen Rundumsicht belohnt. Man kann hier bei gutem Wetter praktisch den ganzen Bodensee überblicken.

Übrigens, die direkten Nachfahren des Johannes von Bodman leben noch immer hier. Allerdings wohnen sie heute unten im Dorf in einer barocken, aber nicht besuchbaren Villa. Hier wird auch der berühmte Kessel aufbewahrt, der den kleinen Jungen vor dem Feuertod gerettet hat. Den zur Villa gehörigen Park darf man betreten.

Adresse Kloster Frauenberg, Frauenberg 1, 78351 Bodman-Ludwigshafen | Anfahrt A98, Ausfahrt Stockach-Ost, weiter nach Bodman, das Kloster kann von Bodman aus in rund 45 Minuten zu Fuß erreichen (mit Steigung); alternativ auf dem Parkplatz oberhalb der Ruine parken, von dort sind es circa 15 Minuten Fußweg | Öffnungszeiten Besichtigung nach Anfrage im Schloss Bodman | Tipp Hinter den beiden Burgen gibt es die Bisonstuben mit Fleisch, das von den Bisons auf den Weiden vor dem Restaurant stammt.

11 Lenks Skulpturengarten

Provokante Perfektion

Es gibt wohl kaum einen Künstler in der Bodenseeregion, der so gegensätzlich diskutiert wird wie Peter Lenk. Der Grund sind seine provozierenden Skulpturen.

Wenn in einer Gemeinde oder Stadt durch irgendeine Indiskretion bekannt wird, dass dort demnächst eine Lenk-Skulptur aufgestellt wird, dann herrscht Aufruhr. Nicht ohne Grund, denn der Bildhauer stellt gerne Prominente aus Politik, Wirtschaft und Adel dar, oft nackt und sehr realistisch. Sie fühlen sich dann nicht ganz zu Unrecht im wahrsten Sinne bloßgestellt.

Sein vermutlich mutigstes, man könnte auch sagen frechstes Werk ist das Relief »Ludwigs Erbe« auf dem Ludwigshafener Hafengelände aus dem Jahre 2004. Unter dem Banner »Global Players« fassen sich die damals mächtigsten Politiker Deutschlands gegenseitig an die Geschlechtsteile. Selbst die Bundeskanzlerin Angela Merkel wurde dabei nicht geschont. Lenks eindeutig bekannteste und meistfotografierte Plastik ist die »Imperia« an der Hafeneinfahrt von Konstanz. Die neun Meter hohe und 18 Tonnen schwere Skulptur ist zum Wahrzeichen der größten Stadt am Bodensee geworden. Mit dem Kunstwerk will Peter Lenk auf das Konzil von Konstanz verweisen, in dem die kirchliche und weltliche Macht von den Kurtisanen zum Narren gehalten wurden.

In Bodman hat Lenk rund um sein Haus und Atelier seine eigene Ausstellung eingerichtet, in der er bislang nicht verkaufte Skulpturen dem Besucher zur Besichtigung anbietet. Sie zeigt einen Querschnitt seiner Werke in lockerer, unkomplizierter Darstellung. Peter Lenk philosophiert gerne über sein Werk mit bemerkenswerter Ehrlichkeit: »Der Boden, um meine Werke in meiner Denkweise zu schaffen, ist nur in Deutschland vorhanden. Die Deutschen sind noch am ehesten zur Selbstironie fähig und auch tolerant genug, meine Provokationen zu ertragen und zu verstehen. Doch auch hier stoße ich oft auf starken Widerstand.«

Adresse Kaiserpfalzstraße 20, 78351 Bodman-Ludwigshafen | **Anfahrt** A98, Ausfahrt Stockach-West, B313 bis Espasingen, dort kurz weiter auf B34 Richtung Radolfzell, kurz nach dem Bahnübergang links und bis Bodman, Richtung Hafen, kurz nach der Kapelle rechts hoch | **Öffnungszeiten** Führungen nach Absprache, www.peter-lenk.de | **Tipp** Bodman ist ein Touristenort mit horrenden Parkpreisen. Dafür hat es eine sehr gute, vielfältige Gastronomie, darunter zum Beispiel das Seehaus am Yachthafen.

12 Der Seeuferweg

Natur in höchster Vollendung

Hand aufs Herz, wann haben Sie das letzte Mal einen Kuckuck rufen oder eine Nachtigall singen gehört? Die meisten Menschen jüngerer Generation haben weder das eine noch das andere je erlebt. Dabei sind diese zwei Vogelarten nur ein kleiner Teil der Vogelwelt, die im Gebiet der Aachmündung zu Hause ist. Hier leben auch Kolbenente, Reiherente, Schwarzhalstaucher, Baumfalke, Rohrammer, Graugans und Eisvogel.

Der kaum zwei Kilometer lange Weg zwischen dem Strandbad Bodman und dem Campingplatz Schachenhorn bietet eine unvorstellbare Dichte an Natur-Sehenswürdigkeiten. Zu Anfang führt der schmalere Weg durch ein Schilfgebiet – die Kinderstube der meisten Vogelarten. Schon nach etwa 200 Metern gibt es einen Szenenwechsel: Eine pittoreske Baumlandschaft ragt aus dem kleinen See heraus, ein wahres Kunstwerk der Natur. Mit etwas Glück kann man hier dem Biber begegnen. Zurück auf dem Hauptweg breitet sich vor dem Wanderer der Auenwald aus mit seinen mächtigen, meterdicken Bäumen, die teilweise schon zusammengefallen sind und eine bizarre, fast gespenstische Szenerie ergeben.

In Sichtweite kommt dann schon die Brücke über die Stockacher Aach, der kleine Zufluss mündet ein Stück weiter gut sichtbar in den See. Von der Brücke aus hat man einen herrlichen Blick auf den Ort Bodman. Von hier führt der Weg nur wenige Meter vom Seeufer entfernt weiter, unterbrochen von zwei direkten Seezugängen, einer davon hat eine Plattform zum Beobachten der Seevögel. Wer Glück hat, kann von dort aus dem Hochzeitstanz der Haubentaucher zuschauen, ein Schauspiel, das jedem, der es erlebt hat, garantiert in Erinnerung bleibt.

Gegenüber dieser Plattform führt ein kleiner Weg auf eine große Wiese. Dort steht man von Mai bis Juni mitten in einem blauen Meer von sibirischen Schwertlilien. Der Weg endet in einer langen, wunderschönen Allee am Campingplatz Schachenhorn.

Adresse 78351 Bodman-Ludwigshafen | Anfahrt A98, Ausfahrt Stockach-West, B313 bis Espasingen, dort kurz weiter auf B34 Richtung Radolfzell, kurz nach dem Bahnübergang nach links auf K6102 abbiegen und bis Bodman, Richtung Hafen fahren | Tipp Bei Anfahrt mit dem Auto empfiehlt sich das Parken beim Sportgelände, es ist bis zwei Stunden kostenfrei. Hier beginnt ein Radweg. Der Beginn des schmalen Pfades ist neben dem Yachtclub.

13 Eine deutsche Exklave

Klein-Absurdistan am Rhein

Als im Jahre 1918 die Büsinger Einwohner abstimmen durften, zu welchem Staat sie gehören wollten, fiel das Ergebnis sehr eindeutig aus. 96 Prozent wollten Schweizer Bürger werden. Doch bis heute sind sie deutsche Staatsbürger, obwohl sie gänzlich von der Schweiz umgeben sind. Woran das liegt? Einfach daran, dass die deutsche und Schweizer Bürokratie sich nicht einigen konnten, wie man das in klare Fakten umsetzen könnte. Seither verhandeln beide Staaten in regelmäßigen Abständen, wie man mit der skurrilen Situation umgeht.

Zuerst einmal haben alle Büsinger ein deutsches Autokennzeichen nämlich »BÜS«. Somit ist es das kleinste Gebiet Deutschlands mit eigenem Kennzeichen. Dabei gehört es verwaltungsmäßig zum Kreis Konstanz, aber eben doch nicht so ganz. Denn an der Grenze steht kein Schlagbaum, es ist also Schweizer Zollgebiet. Laut Staatsvertrag von 1967 gehört Büsingen politisch zu Deutschland, wirtschaftlich zur Schweiz. Das hat zur Folge, dass die dortigen Einwohner nur 7,1 Prozent Mehrwertsteuer und den Schweizer Mineralölsteuertarif bezahlen. Eine Grundsteuer gibt es dort auch nicht. Die Abgaben für Wasser, Abwasser, Kindergarten und Friedhof sind deutlich geringer.

Büsingen besitzt eine deutsche Postagentur, hat aber eine deutsche und eine Schweizer Postleitzahl. Man kann mit Schweizer und deutschen Briefmarken frankieren. In Büsingen bezahlt man im Allgemeinen mit Schweizer Franken, Euros werden auch angenommen. Die Müllgebühr ist in Franken zu entrichten.

Und falls man mal mit dem Gesetz in Konflikt kommt, dann kann man entweder von der deutschen oder von der Schweizer Polizei verhaftet werden. Je nach Zugehörigkeit des Polizisten kommt man dann in deutschen oder Schweizer Gewahrsam. Allerdings dürfen maximal zehn Schweizer Polizisten in Büsingen unterwegs sein, die natürlich wie alle Büsinger Schweizerdeutsch sprechen.

Adresse 78266 (D) / 8238 (CH) Büsingen | Anfahrt B34, von Deutschland aus von Gottmadingen auf L190 nach Gailingen, von dort auf L202 nach Büsingen; es muss dabei zweimal die Staatsgrenze überquert werden | Tipp Die Bergkirche St. Michael zählt zu den ältesten Kirchen der Region und liegt in der Mitte eines mittelalterlichen Ensembles.

14 Die Holzbrücke

Vorsicht, Kopf einziehen!

Sie sind auf den ersten Blick zu erkennen, die Schiffe, die auf dem Hochrhein zwischen Konstanz und Schaffhausen verkehren: Sehr flach gebaut, und das aus gutem Grund. Denn sie müssen auf ihrer Fahrt Brücken unterqueren, die nur wenige Meter über der Wasserfläche liegen. Die heikelste von ihnen ist die alte Holzbrücke von Diessenhofen. Sie ist so niedrig, dass man die Bugmasten, die Kabine und das Sonnensegel absenken muss, um die Brücke nicht zu berühren. Wenigstens ein kleiner Adrenalinstoß ist da für jeden Passagier drin.

Aber schließlich wurde die Brücke, die das deutsche und schweizerische Rheinufer zwischen Gailingen und Diessenhofen verbindet, auch nicht dafür konstruiert, dass große Schiffe sie unbehelligt unterqueren können.

Die erste urkundlich erwähnte Brücke an dieser Stelle datiert auf das Jahr 1292. Vermutlich verband allerdings schon hundert Jahre früher ein Übergang die beiden Seiten des Hochrheins. Nun hat Holz als Baumaterial einen entscheidenden Nachteil: Es verrottet, wenn es dauernd dem Wasser ausgesetzt ist. Und so musste die Brücke im Laufe der Jahrhunderte immer wieder erneuert werden. Immerhin hielten auch die Holzkonstruktionen mindestens hundert Jahre. Dass die Brücke 1799 einen Totalschaden erlitt, lag allerdings nicht an morschem Holz, sondern an russischen Truppen, die das Bauwerk bei ihrem Rückzug in Brand setzten. Die 1816 fertiggestellte neue Konstruktion steht heute noch. Seitdem sanierte man nur noch die maroden Teile rechtzeitig, zum Beispiel indem man Stahlbetonbalken anstatt Holzbalken als tragende Elemente in den Fluss rammte.

1944 bombardierten amerikanische Flugzeuge die Brücke und zerstörten einen Teil davon. Was dann geschah, kann man fast nicht glauben: An der Reparatur beteiligte sich der amerikanische Staat mit 70.000 Franken!

Adresse zwischen 78262 Gailingen (D) und 8253 Diessenhofen (CH) | Anfahrt von A81/E54 auf L190 nach Gailingen und Diessenhofen, die Holzbrücke ist normalerweise für den Autoverkehr geöffnet | Tipp Diessenhofen besitzt ein kleines, aber historisch interessantes Stadtzentrum. Ein typisches, gemütliches Schweizer Städtchen.

15 Der Bergfried

Rätselhafte Überbleibsel

Wer vom Honstetter Friedhof auf dem ausgeschilderten Weg Richtung Tudoburg und Eigeltingen wandert, entdeckt zwischen zwei säulenartigen Bäumen ein Feldkreuz. Nichts Außergewöhnliches, im katholisch geprägten Hegau stellten die Bauern auf ihren Grundstücken gerne ein Feldkreuz als Zeichen ihrer Gottesfurcht auf. Meistens steht darauf ein kurzer frommer Spruch wie »Im Kreuz ist Heil« oder Ähnliches. Doch auf diesem Kreuz steht in fast verblichener Schrift ein erschütternder Text, der lautet: »Am 5. September 8 Uhr abends H.H. Johann Hertz aus dem Pfarrhof geholt, auf ein Pferd gesetzt, zu dem Kreuz nach Eigeltingen geführt, unmenschlich gemartert und ertränkt (Schwedentrunk mit Gülle) im Beisein des H.H. Pfarrers Peter Paul Weise, Heudorf«. Schlagartig wird hier der Wanderer in die Zeit des Dreißigjährigen Kriegs und seiner furchtbaren Ereignisse versetzt. Ein Text, den so schnell keiner vergisst.

Kleiner Ortswechsel! Mitten in Honstetten steht ein alter, aber gut erhaltener Bergfried. Die Honstettener können über die Geschichte des Turms in früherer Zeit nichts berichten, da es praktisch keine Zeugnisse über Besitzverhältnisse, Bewohner und Bauherren gibt. Es sind zwei besondere Details an dem Gebäude: Neben dem kleinen Turmfenster mit Rundbogen sind noch drei weitere Fenster offensichtlich neueren Datums an der Ostseite zu sehen. Und an der Südseite führt eine marode, aber überdachte Treppe zu einem Eingang im ersten Stock. Das ist schon ziemlich alles.

Aber das macht ja gerade den besonderen Reiz des Gebäudes aus. Vielleicht wagen sich irgendwann ein paar mutige Honstettener ins Innere. Was sie da erleben werden, ist ungewiss. Aber solche Gebäude sind ein beliebtes Versteck für verstorbene Ritter, die aufgrund ihrer schlechten Lebensweise in alle Ewigkeit als Geist umgehen müssen. Hoffen wir das Beste für die Burgenforscher von heute.

Adresse 78253 Eigeltingen-Honstetten; die Ruine befindet sich in der Ortsmitte, das Gedenkkreuz auf dem Wanderweg, der vom Honstetter Friedhof an der Kreisstraße zur Tudoburg führt | **Anfahrt** B14, in Liptingen auf K6177 wechseln | **Tipp** Die große Burgruine Tudoburg liegt etwa 20 Gehminuten vom Steinkreuz Richtung Eigeltingen.

16 Der Feuchtmayer-Altar

Huldigung zweier Herren

Wer sich für die Kunstgeschichte von Oberschwaben und des Hegaus interessiert, kommt um Feuchtmayer nicht herum. Der Liptinger Hauptaltar gehört eher zu seinen unbekannteren Werken, wenn man etwa die Ausstattung der Klosterkirche Birnau zum Vergleich heranzieht. Doch auch für diesen kleinen Auftrag hat er sein ganzes künstlerisches Können aufgeboten. Nicht umsonst wurde eine der beiden Großplastiken aus dem Liptinger Altar bei einer großen, ihm gewidmeten Ausstellung als Begrüßungsfigur ausgewählt.

Das Außergewöhnliche bei diesem Altar sind die klaren Hinweise auf die weltliche Herrschaft Österreichs, die in den Hochaltar integriert sind. Am auffallendsten von der Größe her ist das österreichische Wappenschild. Es ist umrahmt von Schwert und Lilie als Zeichen für Krieg und Frieden. Ein Reichsadler mit einem Zepter in den Krallen scheint das Geschehen in der Kirche fest im Auge zu haben. Wer immer noch Zweifel hat, dass es sich um eine Huldigung an Österreich handelt, der betrachte das unter der Krone hängende Widderfell. Es soll das goldene Vlies darstellen, den höchsten Orden, den das österreichische Kaiserreich zu vergeben hatte.

Nun ranken sich allerlei Vermutungen um dieses sehr patriotische und keinesfalls fromme Detail auf dem Altar. Eine Erklärung, die sich zäh hält, ist, dass man den Liptingern den Orden geschenkt hat für ihre Treue und ihren Einsatz in der Schlacht von Liptingen im Jahre 1799. Damals schlugen die Österreicher die Franzosen, unter anderem, weil der Pfarrer für die Österreicher spioniert haben soll. Dem widerspricht die Tatsache, dass der Orden prinzipiell nur an hochrangige Würdenträger im Kaiserreich vergeben wurde. Zudem wurde kurz nach der Schlacht das Kaiserreich zerschlagen, und Liptingen kam schon bald zum Großherzogtum Baden.

Darum darf weiterhin gerätselt werden, warum und wie das weltliche Kunstwerk auf den Hochaltar kam.

Adresse Kirche St. Michael, 78576 Emmingen-Liptingen | Anfahrt B14 zwischen Tuttlingen und Stockach, beim Schild Liptingen in den Ort abbiegen, die Kirche ist nicht zu verfehlen | Öffnungszeiten ganztägig | Tipp Am Schriftenstand beim Eingang kann man einen ausgezeichneten Kirchenführer erwerben.

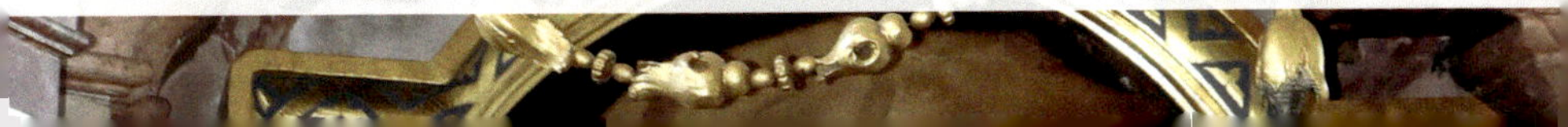

17 Die Pestkreuze

Wanderer flieh, hier haust die Pest

Der Dreißigjährige Krieg gehörte wohl zur schlimmsten Zeit, die die Menschheit in ihrer wechselvollen Geschichte erleiden musste. Sie brachte den Menschen in Mitteleuropa Hunger, Krankheit, Elend und Tod. Aus einem eher lokalen Religionskrieg entwickelte sich ein Flächenbrand größten Ausmaßes, der vor allem die unbeteiligten, armen Menschen in Mitleidenschaft zog. Weil die Krieg führenden Mächte ihre Truppen nicht aus eigenen Mitteln bezahlen konnten, bedienten sie sich bei der Bevölkerung. Sie überfielen Städte und Dörfer, plünderten sie aus, erpressten und folterten die Menschen oft zu Tode. Selbst drei Jahre vor dem Westfälischen Frieden, dem Ende des Krieges, überfielen nacheinander Franzosen, Sachsen-Weimarer und zuletzt Württemberger das Dorf Emmingen. Zum persönlichen Leid kamen noch Kontributionen, die von den jeweiligen Befehlshabern verlangt wurden. In ihrer Verzweiflung verpfändeten die Emminger sogar die Kirchturmglocken.

Zu allem Überfluss schleppten die Soldaten auch eine Krankheit ein, die noch mehr Opfer als der Krieg forderte, die Pest. Menschen, die sich ansteckten, starben oft binnen 36 Stunden unter furchtbaren Qualen. Auch das Dorf Emmingen verlor in kurzer Zeit mehr als die Hälfte seiner Bevölkerung, besonders Kinder. Um eine weitere Ausbreitung der Seuche zu verhindern, stellte man an allen Dorfeingängen große Kreuze auf und versah sie mit einer Warntafel: »Wanderer flieh, hier haust die Pest«, womit natürlich auch die Soldaten angesprochen waren. Zusätzlich unternahmen die Menschen Sühneprozessionen in die Zeilenkapelle, die dem Pestheiligen St. Sebastian geweiht war. Offensichtlich erzielte dies eine Wirkung. Aber das Dorf brauchte Jahrzehnte, um sich zu erholen.

Geblieben sind die Pestkreuze. Seit fast 400 Jahren werden die morsch gewordenen Holzkreuze immer wieder durch neue ersetzt und erinnern so an diese schwere Zeit.

Adresse bei 78576 Emmingen | Anfahrt unübersehbar an der B491 zwischen Emmingen und Engen, 1 Kilometer vom Ortsende von Emmingen entfernt | Tipp Die oben erwähnte Zeilenkapelle liegt im Areal der Zeilenhöfe (auf dem Weg zum Schenkenberg nach dem Waldstück zu den Zeilenhöfen abbiegen, beschildert).

18 Die Schenkenbergkapelle

Wo sich Rottweil in den Hegau verirrte

Wallfahrtskirchen gab es noch im 18. Jahrhundert zuhauf, kamen sie doch der damaligen Volksfrömmigkeit sehr entgegen. Wenn die Menschen unter einer schweren Krankheit litten oder sonst Trost brauchten in den vielfältigsten Anliegen, pilgerten sie zu einer Wallfahrtskirche und beteten dort.

Meist war die heilige Maria die Ansprechpartnerin. In manchen Kirchen war es auch ein anderer Heiliger, eine andere Heilige, von denen ein Stück ihres Körpers, meist ein Knochenstück, dort schön geschmückt aufbewahrt wurde. Umsonst war die Sache nicht. Jeder gab einen Obolus in der Hoffnung, die Wirkung des Gebets zu verstärken. Wenn das vorgetragene Anliegen erfolgreich war, wollte der Beschenkte dies auch anderen mitteilen. Man ging zu einem örtlichen Maler und ließ von ihm ein Bild anfertigen, das von der empfangenen Gnade ein Zeugnis abgab. Zwecks besserem Verständnis setzte man noch einen kleinen Text darunter. So auch auf unserem Bild.

Das Gemälde zeigt eine Frau im Bett. Sie liegt mitten in der Hegaulandschaft, eindeutig zu erkennen an den Vulkanen, den Pestkreuzen und der Schenkenbergkapelle. Doch ein Detail ist nicht so leicht zu identifizieren. Abgebildet ist der Ausschnitt einer mittelalterlichen Stadt, die mit keiner der bekannten Hegaustädte eine Ähnlichkeit hat. Da hilft ein kleiner Hinweis im Begleittext. Das letzte Wort ist aus Platzgründen nicht zu Ende geschrieben, dort steht hinter dem Datum 28.9.1960: »Rottw«. Und tatsächlich zeigt diese malerische Zugabe eindeutig die Rottweiler Altstadt, klar erkennbar am Kapellenturm. Das ist dann wohl künstlerische Freiheit.

Wer sich in der prachtvollen, neu renovierten Kirche umschaut, dem fallen schnell die an den Wänden hängenden Votivtafeln auf. Beim genaueren Betrachten wird das Ganze zu einem spannenden Bilderbuch bäuerlicher Frömmigkeit und Geschichte.

Adresse 78576 Emmingen-Liptingen | **Anfahrt** B491 von Emmingen Richtung Engen unterhalb der Pestkreuze auf die Straße Richtung Wasserburgertal abbiegen, nach etwa 2,5 Kilometern führt in einem Waldstück eine schmale Straße rechts hoch zur Kirche | **Öffnungszeiten** außerhalb der Gottesdienste ganztägig | **Tipp** Direkt gegenüber der Kirche liegt der Schenkenberger Hof, der sich in den letzten Jahren zu einem bekannten Speiselokal entwickelt hat.

19__Der Witthoh

Zufluchtsort für nebelgeplagte Bodenseebewohner

»Es thut sich die Aussicht auf, links nach dem Bodensee und nach den Bergen von Graubünden, vorwärts nach Hohentwiel, Thängen und dem Fürstenbergischen. Man hat das Donauthal nunmehr rechts und sieht jenseits desselben die Schlucht, durch die man heruntergekommen.« Kein Geringerer als Goethe beschrieb im Oktober 1797 den Witthoh auf seiner Reise in die Schweiz. Er war offensichtlich sehr begeistert von der Aussicht, die er hier genoss.

Und es ist tatsächlich in mehrfacher Hinsicht ein ganz besonderer Ort: klimatisch, geografisch, geologisch, ästhetisch und sogar unterhaltsam.

Der 862 Meter hohe Berg trennt die Alb haarscharf von der Hegau-Bodenseeregion. Er ist sowohl europäische Wasserscheide als auch Klimascheide zwischen dem warmen Bodenseeklima und dem rauen Albklima. Auf dem höchsten Punkt führt ein viel genutzter Spazierweg entlang, von dem man einen herrlichen Rundblick auf die Umgebung hat. Im Norden grüßt der Albtrauf mit seinen bemerkenswerten Felswänden. Im Westen erkennt man die sanften, bewaldeten Höhen des Schwarzwalds, gegen Osten reicht die Sicht bis zum Bussen. Aber am großartigsten ist der Blick nach Süden. Hier sind die größten Hegauvulkane wie bei einem Kegelspiel aufgereiht, links davon die Ausläufer des Bodensees.

Aber all die schönen Blicke vom Witthoh sind schwach gegen die Bilder, die sich bei einer Inversionswetterlage bieten. Da versinkt das ganze Bodenseegebiet in einem Nebelmeer, nur zwei Hegauberge spitzen heraus. Und dahinter breitet sich ein atemberaubendes Alpenpanorama aus, das von der Zugspitze bis weit hinter das Berner Oberland reicht. Das ist die Zeit, in der es keinen Bodenseebewohner mehr in seiner Dauernebelsuppe hält. Der Witthoh wird zum Mekka der Sonnensüchtigen. Wenn dann noch Schnee auf dem Berg liegt und der Skilift in Betrieb ist, ist das Glück perfekt.

Adresse bei 78576 Emmingen-Liptingen | Anfahrt B491, von Emmingen Richtung Hattingen, beim Berggasthof rechts zum nahe gelegenen Parkplatz abbiegen, dort kann man auch auf einer Panoramatafel die Namen der Berge nachlesen | Tipp Einkehren im Berggasthof direkt an der Straße oder am Wochenende in der urgemütlichen Berghütte Dupfee direkt am Lift.

20 Die Altstadtsanierung

Ein Brief nach Hause

Wer als Tourist die Engener Altstadt besucht, dem fällt sehr schnell am Markt das dominierende Gebäude »Ehemaliger Adler« auf. Es besitzt eine beeindruckende Fassadenmalerei, welche aus der eigentlich flachen Wand ein kunstvolles Renaissancegebäude erstehen lässt. Das zeugt von ganz großem handwerklichen und gleichzeitig künstlerischen Können. Gemalt wurde es von einem der renommiertesten Künstler des Realismus, Reinhard Dassler (1933–2023), der sich hauptsächlich als Kirchenmaler einen Namen gemacht hat. Doch Dasslers Kunst hält sich nicht stur an historische Vorgaben. Immer schmuggelt er etwas Zeitgemäßes in seine Werke, so auch in Engen. Es ist nicht nur eine Bierflasche, sondern besonders eine Frau, die sehnsuchtsvoll aus dem Fenster schaut und dabei ein beschriebenes Blatt in der Hand hält. Auf dem Zettel steht nichts Außergewöhnliches, eher eine einfache Nachricht, wie man sie vielleicht auf einer Postkarte erwarten würde: »Heute am 13.11.83 sind wir fertig geworden. Es regnet aber nicht mehr so stark. Herzliche Grüße, Dein Reinhard, Jeck Fred, Meinrad D, Hansjörg und Bernd Krause.«

Ganz sicher musste Frau Dassler oft längere Zeit zu Hause auf ihren Mann warten, da seine Aufträge viele Auswärtsaufenthalte mit sich brachten. Doch sie unterstützte ihn immer sehr. Leider starb sie schon 1987, also wenig später.

Die Renovierung des zu einem Geschäftshaus umgebauten Ehemaligen Adler geschah im Zuge einer groß angelegten Altstadtsanierung. Ursprünglich sollten etliche Gebäude in der Innenstadt abgebrochen werden, um Parkplätze zu schaffen, was aber das Denkmalamt zu verhindern wusste. Die Engener nahmen ihre Chance wahr, und dank etlicher Fördergelder wurde die Stadt ein wunderbares Kleinod, preisgekrönt und hochgelobt. Und der Parkplatz? Der entstand unterhalb der Stadtmauer mit einem gläsernen Aufzug, der genau in die Stadtmitte führt.

Adresse Marktplatz, 78234 Engen | Anfahrt A81, Ausfahrt Engen | Tipp Besonders pittoresk ist die Klostergasse in der Altstadt.

21 Die Autobahnkapelle

Ein Rastplatz für die Seele

Bei den Besucherzahlen, die diese Kapelle jährlich verzeichnet, wird so mancher Stadtpfarrer neidisch. Denn diese liegen etwa bei 50.000 Menschen. Und die meisten von ihnen gehören nicht zu den »normalen« Kirchgängern, sind oft eher kirchenfern. Warum hat gerade dieses Gotteshäuslein einen solchen Zulauf?

Die Kapelle besitzt trotz ihrer modernen Architektur einen einladenden Charakter, sie macht neugierig. Schon von außen ist der Kubus mit dem davor liegenden Innenhof, der an die Lebensweise im alten Palästina erinnert, stimmig. Die warme Farbgebung der Außenwand unterstreicht noch den Gesamteindruck. Wenn man den eigentlichen Kirchenraum betritt, empfängt einen eine ganz tiefe Stille, ein krasser Kontrast zum Lärm der Autobahn, die direkt an dem Gotteshaus vorbeiführt. Der einzige Schmuck der Altarwand besteht aus einem Fenster in Kreuzform, das einen außergewöhnlichen Blick auf die dahinter liegende Hegaulandschaft ermöglicht. Eine Seitenwand wird von drei Gemälden dominiert, die den Gang nach Emmaus darstellen. Der Bibel nach sind zwei Jünger Jesu nach dessen Tod auf dem Weg nach Emmaus, als sich Jesus unerkannt zu ihnen gesellt. Erst beim Brotbrechen erkennen sie, wer ihr Reisebegleiter wirklich ist.

Die Kirche gehört einem Trägerverein und wird von vielen Ehrenamtlichen betreut. Wenn auch kein direkter Ansprechpartner zur Verfügung steht, so liegt doch ein Buch bereit, das dem Besucher Gelegenheit gibt, seine Sorgen, Freuden und viele andere Anliegen schriftlich auszudrücken. Das kann man durchaus als eine effektive Form des Gebets betrachten.

Eine Berufsgruppe liegt den Verantwortlichen besonders am Herzen: die Lkw-Fahrer. Diesen besonders belasteten Menschen ist ein extra Gebet gewidmet, das nicht nur auf Deutsch geschrieben ist, sondern auch auf Russisch, Polnisch, Kroatisch und vielen anderen Sprachen.

Adresse Zur Engener Höhe, Hegau West, 78234 Engen | Anfahrt A81 aus Richtung Stuttgart, Raststätte Hegau | Öffnungszeiten Sommer 7–21.30 Uhr, Winter 7.30–19.30 Uhr | Tipp Die Raststätte direkt neben der Kirche gilt zu Recht als das schönste und beste Autobahnrasthaus Deutschlands.

22 Die Hegauvulkane

Des Herrgotts Kegelspiel

Die Hegauvulkane als des Herrgotts Kegelspiel zu bezeichnen, ist ein schöner literarischer Einfall des bekannten Heimatdichters Ludwig Finckh.

Man könnte denken, die Hegauvulkane seien in einem einheitlichen geohistorischen Zeitraum entstanden. Das stimmt jedoch nicht. Es gab drei Etappen, die der Landschaft ihre heutige Form gaben. Die Geschichte beginnt vor 14 Millionen Jahren. In Europa sah es damals aus wie heute in Afrika, mit Antilopen, Nashörnern, Elefanten und so weiter. Doch unter der Erde braute sich etwas zusammen. Die Reibung der Kontinentalplatten lässt tief unter dem Boden Gestein schmelzen, das durch Risse emporsteigt. Glühend heiße Lava vermengt sich mit Grundwasser. Schlagartiges Verdampfen führt zu Explosionen. Tausende Tonnen vulkanischer Asche schleudern empor, regnen herab und bedecken als Tuffschichten den Boden. Doch es rumort weiter, und in zwei späteren Perioden gelangt erneut glühend heißes magmatisches Gestein an die Oberfläche. Vor zehn Millionen Jahren kommt so an verschiedenen Stellen Basalt, vor sieben Millionen Phonolith ans Tageslicht und häuft sich inmitten der Tuffschichten an.

Vor nur wenigen zehntausend Jahren arbeiteten sich gewaltige Gletscher über die Hegaulandschaft, hobelten die Tuffschichten ab und schoben das Material vor sich her. Bei ihrem Rückzug nahmen sie das lose Gestein teilweise wieder mit. Dem Basalt und dem Phonolith konnten sie dank deren Härte nichts anhaben. Sie blieben als Vulkankegel stehen und prägen die heutige Hegaulandschaft.

Wer also die Befürchtung hat, die Hegauvulkane könnten einmal wieder ausbrechen, den kann man beruhigen. Die Plattentektonik im Erdinnern ist unter uns weitgehend zur Ruhe gekommen. Allerdings erinnern leichte Erdbeben im Raum Hilzingen daran, dass die Erde unter uns nie hundertprozentig ruhig ist und uns immer wieder etwas wach- und durchrüttelt.

Adresse Aussichtsplattform vor dem Parkplatz der Autobahnraststätte Hegau-West, 78234 Engen | **Anfahrt** A81 aus Richtung Stuttgart, Raststätte Hegau | **Tipp** Weitere beeindruckende Aussichtsplattformen gibt es auf dem Hegaublick, in Aach, auf dem Napoleonseck und auf dem Witthoh.

23 Die Martinssäule

Ein aktuell bleibendes »Denk-mal-nach«

Als vor 40 Jahren die Martinssäule auf dem Marktplatz eingeweiht wurde, waren viele Menschen beeindruckt von der Aussagekraft des Kunstwerks. Es war viel zu entdecken auf dieser Brunnenplastik. Da liegt ein sterbender, offensichtlich alkoholkranker Mensch unter einem überschäumenden Bierkrug, da streckt ein abgemagertes Kind seine Ärmchen nach einem Stückchen Brot aus. Ein Baum mit abgeschlagenen Wurzeln und ohne Krone weist auf die zunehmende Zerstörung unserer Natur hin. Wie Tränen läuft ein dünner Wasserlauf an der Säulenwand hinab.

Tatsächlich ist das Kunstwerk voller nachdenklich machender Details. Wie eine Litfaßsäule steht die Skulptur bis heute da, um zu sagen, schaut her, was wir da anzubieten haben.

Die Probleme, auf die der Künstler Jürgen Goertz damals hinwies, sind heute aktueller denn je: Jährlich sterben geschätzt 62.000 Menschen allein in Deutschland an Alkoholsucht, 1,6 Millionen Menschen verhungerten weltweit jährlich, 150 Tierarten sterben täglich aus und 41.000 Quadratkilometer Regenwald werden pro Jahr abgeholzt. Angesichts dieser Tatsachen ist Anschauen und bloß Weitergehen auch heutzutage nicht angebracht. Natürlich sagen sich sehr viele Menschen, dass sie die Welt nicht mehr gerettet bringen, also wozu das Ganze? »Auch du bist ein Teil des Ganzen«, will uns dieser Brunnen sagen. Und weiterhin im Überfluss zu leben ist schon deshalb fragwürdig, weil es uns Menschen nicht glücklicher macht. Teilen ist die Botschaft des heiligen Martin, dem der Brunnen gewidmet ist und dem die Engener Stadtpfarrkirche geweiht ist. Er teilte seinen Mantel, und so erfror keiner von beiden.

Und was sollen wir jetzt tun? Einfach uns bewusst sein: »Viele kleine Leute, an vielen kleinen Orten, die viele kleine Schritte tun, können das Gesicht der Welt verändern«, so lautet der Text eines einfachen Kanons. Nicht mehr und nicht weniger.

Adresse Marktplatz, 78234 Engen | Anfahrt A81, Ausfahrt Engen | Tipp Engen ist eine Stadt mit vielen Brunnen. Vom gleichen Künstler ist der Sinnenbrunnen. Ein Brunnenführer ist im Tourismusbüro erhältlich.

24 Museum und Galerie

Was macht ein Museum lebendig?

Ein städtisches Museum ist nicht nur interessant, wenn es spektakuläre Erinnerungsstücke aus der Stadtgeschichte ausstellt. Manchmal sind es die ganz kleinen Dinge, die viel erzählen über das Leben, das Leiden und das Denken der Menschen in früherer Zeit. Im Engener Museum hängen in einem Durchgang ein paar Haarbilder. Familien, die sich keine gemalten Bilder von Verstorbenen leisten konnten, gestalteten sie kunstvoll selbst aus den Haaren ihrer Familienmitglieder. Beeindruckend? Ja, denn diese Darstellungen berichten in menschlich berührender Weise von dem sich wandelnden Umgang mit dem Tod von Kindern im Laufe des 19. Jahrhunderts.

Haarbilder sind nur ein winziger Teil des Engener Museums, aber symptomatisch für das Bemühen des Museumsteams, diese Einrichtung interessant zu gestalten. Sehr umfangreich und hochinteressant ist die Abteilung, die dem Thema Eiszeitfunde im Brudertal gewidmet ist. Das große Diorama, welches das Leben in der Eiszeit darstellt, begeistert vor allem Kinder. Eine nachgebaute Grabungsstelle demonstriert die Arbeit der Archäologen. Die originale »Venus von Engen«, gesichert hinter Panzerglas, wird zusammen mit anderen Frauendarstellungen entsprechend ihrer Kostbarkeit präsentiert.

Der andere Schwerpunkt des Museums sind die Kunstausstellungen. Sie zeigen Werke von Künstlern aus aller Welt und aus verschiedensten Epochen; im Jahre 2023 zum Beispiel von Hermann Stenner. Stenner war ein großer Hoffnungsträger der deutschen Kunstszene vor dem Ersten Weltkrieg. Der Querschnitt durch seine kurze Schaffenszeit zeigte beeindruckend seine Entwicklung fast von Monat zu Monat. Stenner fiel im Krieg im Alter von nur 23 Jahren. Die Galerie in Engen schafft es dank ihres engagierten und kreativen Kurators stets, auch sogenannte Laien von modernerer Kunst so zu begeistern, dass sie gerne wiederkommen.

Adresse Klostergasse 9, 78234 Engen | Anfahrt A81, Ausfahrt Engen, das Museum liegt nahe am Stadtkern | Öffnungszeiten Di–Fr 14–17 Uhr, Sa und So 11–18 Uhr | Tipp Vom Parkplatz (Am Maxenbuck) fährt man mit einem gläsernen Aufzug auf Altstadthöhe und steigt direkt neben der Kirche aus. Die Fahrt ist eine Attraktion für sich.

25 Das Napoleonseck

Napoleon war dort nie, aber die Post

Wer den Arc de Triomphe in Paris mal genauer betrachtet, wird auf der dort eingemeißelten Siegesliste der napoleonischen Schlachten auch die Namen Engen und Moeskirch (Meßkirch) entdecken. Die Inschrift erinnert an den Sieg Frankreichs über die Österreicher. Die Auseinandersetzung fand am 3. Mai 1800 im Großraum Engen statt. Die Geschichtsschreibung aus dieser Zeit liefert einen sehr detaillierten Bericht über die damaligen Kampfhandlungen. Die Oberbefehlshaber und Generäle beider Seiten sind alle namentlich erwähnt. Es waren heftige Kämpfe, und es war längere Zeit nicht klar, wer wohl als Sieger und wer als Verlierer aus dieser Schlacht hervorgehen würde. Letztendlich gewannen die Franzosen, die Kampfhandlungen verlagerten sich Richtung Meßkirch, wo die Österreicher eine weitere Niederlage hinnehmen mussten.

Und was hat es mit dem Namen Napoleonseck auf sich? Hier war ein Gefechtsstand der Franzosen, ideal gelegen, denn von hier aus hat man einen Rundumblick von fast 270 Grad. Die hier stationierten Soldaten konnten also fast jede Truppenbewegung im weiten Umfeld beobachten.

Manche Leute behaupten, dass Napoleon selbst diesen Platz besucht hat. Das ist ziemlich sicher auszuschließen, weil Napoleon mit seinem eigenen Heer in dieser Zeit über den verschneiten St.-Bernhard-Pass gezogen ist, eine sehr abenteuerliche Angelegenheit. Zehn Tage später errang er in Italien bei der Schlacht von Marengo den entscheidenden Sieg über die Österreicher. Es ist nicht annehmbar, dass Napoleon nebenbei kurz einen Abstecher zu den französischen Truppen bei Engen gemacht und auf dem Napoleonseck Ausschau gehalten hat.

Übrigens! Die Truppen Napoleons haben nicht alle Schlachten hier in der Umgebung gewonnen. In den Gefechten von Ostrach und Stockach zogen die Franzosen den Kürzeren und hatten große Verluste zu beklagen.

Adresse Napoleonseck bei 78234 Engen | Anfahrt A81, von Engen Ortsausfahrt Richtung Singen auf L224, etwa auf Mitte zwischen Anselfingen und Watterdingen gibt es eine Bushaltestelle, wo man parken kann, dort beginnt der kürzeste Weg zum Napoleonseck | Tipp Fernglas mitnehmen, großartiger Rundumblick! Das Napoleonseck liegt am Postweg, etwa zwei Kilometer von der Grillhütte entfernt.

26 Die Stadtpfarrkirche

Wo Hund und Löwe begraben liegen

Pfarrkirchen waren in früheren Zeiten nicht nur Orte für Gebete und Gottesdienste, sondern auch die Begräbnisstätten von hier regierenden Adligen. Die Verstorbenen wurden in den Kirchenboden eingelassen und dann mit einer aufwendig gestalteten Grabplatte bedeckt. Wenn die Platten aber zum Hindernis am Boden wurden, kamen sie als Epitaphien an die Kirchenwand. So geschah es auch zweifach in Engen. Auf einem Epitaph sehen wir einen Ritter in vollem Harnisch mit einem Schwert in der linken Hand. Die andere Hand ist leer, er hielt wahrscheinlich früher eine Lanze. Daneben sehen wir sein Wappen, der Schwanenhals verrät seine Zugehörigkeit zur Stühlinger Herrschaft. Oberhalb des auf einem Kissen ruhenden Kopfes liegt ein Hund, an den Füßen liegt ein nicht ganz naturgetreuer Löwe. Der Löwe symbolisiert die Macht des Verstorbenen, der Hund soll auf das Jagdrecht hinweisen, aber auch auf Treue.

Es handelt sich hier um Graf Sigmund von Lupfen, Herr von Stühlingen und Stadtherr von Engen, geboren 1461 und gestorben 1526. Sigmund war Zeit seines Lebens im Streit mit Gemeinderat und Einwohnerschaft von Engen. Trotzdem zog er es vor, anstatt in seinem Stühlinger Schloss in Engen zu leben. Sein aufwendiger Lebensstil, finanziert durch die Bürger und durch Leibeigene, war oft Grund für Auseinandersetzungen. Noch unbeliebter als er war seine Frau Clementia von Montfort, die ihren Leibeigenen befahl, mitten in der Erntezeit Schneckenhäuser zu sammeln, um diese als Garnrollen zu benutzen. Diese Willkür erregte die Untertanen so, dass daraus ein Bauernaufstand entstand, der als Zündfunke für den Bauernkrieg in Süddeutschland gilt. Die Herrschenden metzelten dabei die Bauern regelrecht nieder, 75.000 Todesopfer unter der Landbevölkerung waren die Folge.

Der Graf erhielt sein Denkmal in der Kirche. Etwas Vergleichbares für einen Bürger oder Bauern gibt es nirgends.

Adresse Kirche Mariä Himmelfahrt, Hauptstraße 2, 78234 Engen | **Anfahrt** A81, Ausfahrt Engen | **Öffnungszeiten** tagsüber, Achtung: am rechten Kircheneingang folgt direkt eine Stufe, Sturzgefahr! | **Tipp** Die Stadtkirche birgt außer den Epitaphien eine Reihe von Kostbarkeiten der Kunstgeschichte. Zum Beispiel das Sandsteinrelief »Mariä Tod« aus der Zeit um 1500.

27 Die Venus vom Brudertal

Die Eiszeit, eine Blütezeit der Kultur und Technik

Man könnte sich ja einmal den Scherz erlauben, eine Nachbildung der Venus von Engen in eine Henry Moore-Ausstellung zu schmuggeln und dann zu schauen, wie viele Besucher dem kleinen Schwindel aufsitzen. Vermutlich wären es erstaunlich viele. Denn der unbekannte Schöpfer der circa 15.000 Jahre alten Plastik hat eine so perfekte Abstraktion des weiblichen Körpers geschaffen, wie es in der modernen Zeit fast nur Henry Moore gelang. Kritiker könnten behaupten, das ist reiner Zufall, der Künstler konnte es vielleicht nicht besser. Doch Abbildungen von Tieren auf Rentierknochen aus der gleichen Fundstätte erlangten eine anatomisch sehr korrekte Darstellung.

Die Eiszeitmenschen beherrschten Kunst, aber nicht nur auf darstellendem Gebiet, sondern auch im Bereich der Musik. Zwar entdeckte man in Engen keine Musikinstrumente, aber im etwa 50 Kilometer Luftlinie entfernten Schelklingen kam eine Geierknochenflöte zutage, auf der man ganze Melodien spielen konnte. Dies war nur möglich, weil die Luftlöcher in exakt dem gleichen Abstand gebohrt waren, wie auch heute noch. Die Menschen müssen also genau das gleiche Musikgespür gehabt haben wie wir heutzutage.

Nebenbei entwickelten sie auch eine hocheffektive Waffentechnik. Mit der Speerschleuder, sozusagen einem verlängerten Wurfarm aus Holz und Bast, verdoppelte sich die Reichweite eines Speers beziehungsweise die Wucht des Geschosses bei gleicher Entfernung.

Der Petersfels hat seinen Namen übrigens vom Entdecker der Fundstätte Eduard Peters, der Ende der 1920er Jahre 1.000 Gegenstände aus Knochen und Geweih, 50.000 Feuersteinartefakte, 1,5 Tonnen Knochen von eiszeitlichen Tieren und natürlich auch die Venus fand. Sie sind ein klarer Beweis dafür, dass es sich bei den Menschen der damaligen Zeit um eine kulturell und technisch schon sehr hoch entwickelte Spezies des Homo sapiens handelte.

Adresse Brudertal, 78234 Engen | **Anfahrt** A81, Ausfahrt Engen-West, auf dem Park-and-Ride-Parkplatz kurz vor der Auffahrt Richtung Singen parken und zu Fuß unter der Autobahn durch auf dem gut markierten Weg Richtung Petersfels etwa 20 Minuten wandern | **Tipp** Anfang September finden im Eiszeitpark die Petersfelstage statt – mit zahlreichen themengerechten Angeboten, unter anderem mit den Europäischen Meisterschaften für prähistorische Jagdwaffen.

28 Die Insel Werd

Ein Ort der Stille und Einkehr

Es ist schon ein ungewöhnliches Gefühl: Unmittelbar in der Nähe des Tourismustrubels von Stein am Rhein gibt es in Sichtweite ein Fleckchen Erde, wo man im Handumdrehen zu sich selbst finden kann. Noch am Parkplatz vor der Insel ist der Alltag omnipräsent, dann betritt man den 200 Meter langen Holzsteg zur Insel und fühlt sich schlagartig in einer anderen Welt. Schon der Blick beim Betreten des Stegs ist symbolträchtig. Er führt direkt zu dem kleinen Kloster, das jetzt eine kleine Gemeinschaft von Franziskanermönchen beherbergt, die hier ganz im Geiste des heiligen Otmar ein bewusst bescheidenes Leben führen. Sie betreuen Alte, Kranke und nehmen Trauungen und Taufen vor.

Wer war dieser heilige Otmar? Er wurde 689 geboren und starb 759 auf der Insel Werd. Er gilt als der Gründer des Klosters St. Gallen, dem er schon bald zu einer frühen Blüte und Reichtum verhalf. Obwohl er selbst sehr bescheiden lebte, weckte er den Neid von fränkischen Gaugrafen, die ihm mittels Falschaussagen den Prozess machten. Er kam in den Kerker und anschließend auf die Insel Werth, wo er sich nicht mehr von seinen Kerkerqualen erholte.

Das kleine Kirchlein und der Wohntrakt der heutigen Mönche haben eine beträchtliche Anziehungskraft, wirken auf den Besucher vom Steg aus wie ein Magnet. Dazu ist neben dem Kloster auf einem freien Feld ein Labyrinth entstanden, eine Nachbildung des Labyrinths von Chartre. Es symbolisiert den Weg des Menschen bis zu seinem Endziel. Immer wieder merkt man, dass man falsch gelaufen ist, dreht um und sucht in einer neuen Richtung. Am Ende gelangt man doch ans Ziel seines Weges, seines Lebensweges, und hat zur Mitte gefunden.

Und Meditation heißt nichts anderes als zur Mitte finden.

Die Insel Werd ist auch UNESCO-Welterbe, was aber vor allem den prähistorischen Ausgrabungen von Pfahlbauten und den Werkzeugfunden zu verdanken ist.

Adresse 8264 Eschenz | Anfahrt von der Nationalstraße durch Eschenz, in die Straße »Braatle« abbiegen und dann weiter auf dem Werdliweg bis zu einem Parkplatz direkt vor dem Steg | Tipp In Eschenz gibt es ein kleines, feines Dorfmuseum mit wertvollen Fundstücken aus der Zeit um Christi Geburt und interessante Dokumente aus der Dorfgeschichte (geöffnet 1. So des Monats 14–17 Uhr).

29 Das Hesse Museum

Idyllischer Familienstart

Hermann Hesse schreibt über seinen Beginn in Gaienhofen: »Es gibt Stille, Luft und Wasser gut, schönes Vieh, brave Leute. Ich bewohne ein gemietetes Bauernhäuschen, für das ich jährlich 150 Mark Miete bezahle … Es ist etwas primitiv und verwahrlost.« Das Häuschen besaß als einzigen Komfort einen schönen Kachelofen. Wasser, Gas oder elektrisches Licht gab es in der ganzen Gegend nicht. So Hesses Beschreibung seines ersten Domizils in Gaienhofen. Vor seinem Fenster breitete sich der Dorfplatz aus, mit seinem Brunnen, der Kirche, dem großen Baum und der Schule. Amüsiert schreibt er über das Treiben in der großen Schulpause: »Die Buben kamen in großem Galopp, die Mädchen in friedlich stillen Zügen. Es ging ein Versteck- und Fangspiel los. Der Sieger wurde von zwei anderen durchgehauen. Eine ganz Kleine stand nebendraußen und weinte schmerzlich, während sie mit vollen Backen ihr großes Brot verzehrte, auf das die Tränen herunterliefen.« Hesse genoss dieses Landleben, besonders das beständige Rauschen des Brunnens, »das Tag und Nacht in meine stille Stube klingt und ohne das ich nimmer sein möchte«.

Diese Idylle kann man heute noch verspüren, wenn man das Hessehaus am Dorfplatz besucht. Vieles erinnert hier an den Poeten, es riecht förmlich nach ihm und seiner Familie. Man kann sogar am Schreibtisch des Literaturnobelpreisträgers Platz nehmen, vielleicht nicht ganz legal! Drei Jahre bewohnten die Hesses dieses Haus, hier wurde auch der erste Sohn geboren. Es wurde sehr bald ein Treffpunkt für bekannte Literaten wie Stefan Zweig, die immer wieder mit den niedrigen Türschwellen in Konflikt gerieten.

Zum Museum gehört noch ein weiteres Gebäude, das eine Ausstellung weiterer Literaten und Künstler der Halbinsel Höri beherbergt, dort sind auch die Kasse und der Verkaufsraum sowie eine kleine Cafeteria untergebracht.

Adresse Kapellenstraße 8, 78343 Gaienhofen | Anfahrt B33 Richtung Konstanz, Ausfahrt Radolfzell, auf der L220 durch die Innenstadt, am Kreisverkehr in die Zeppelinstraße und dann auf L192 Richtung Stein am Rhein | Öffnungszeiten Nov.–Mitte Jan. und Mitte Feb.–Mitte März Fr und Sa 14–17 Uhr, So 10–17 Uhr, Mitte März–Okt. Di–So 10–17 Uhr | Tipp Ein Spaziergang durch den heimeligen Ort mit Einkehr zum Beispiel am Bootslände-Kiosk lässt noch die Atmosphäre von Hesses Zeit erahnen.

30 Die Schiffslände

Hesses Tor nach draußen

»Stille lege ich die Kette vom Baumstamm, schiebe mein leichtes Boot ins Wasser, knie hinten auf und stoße vom Strande ab … Hinter mir entweicht das schattige Wiesenufer mit hohen Pappeln und breiten alten, tiefhängenden Weiden, und hinter mir flieht auch all das zurück, was mir dort am Lande Arbeit und Freuden, Pein und Sorge macht.«

Hesses Beschreibung seiner Bootsanlegestelle mit den Weiden und Pappeln passt auch heute noch genau zu dem Strand in Gaienhofen neben der Schiffslände. Das Dorf Gaienhofen besitzt mit Ausnahme eines Bäckers um 1900 keinerlei Infrastruktur. Die Familie Hesse ist darauf angewiesen, all ihre Einkäufe und Besorgungen im gegenüberliegenden schweizerischen Steckborn zu erledigen. Dies geschieht fast immer mit dem Ruderboot. »Dabei wird der Zoll passiert und ich kann schon den ganzen Zolltarif für Küchensachen usw. auswendig«, schreibt er, »ziehe aber natürlich womöglich das Schmuggeln vor.«

Immerhin besitzt Gaienhofen schon zu dieser Zeit eine Anlegestelle für ein kleines Dampfschiff. Dieses fährt bis Schaffhausen den Rhein hinab, rheinaufwärts legt es an vielen malerischen Orten an. Bootsausflüge gehören zu den Höhepunkten des frisch getrauten Ehepaars Mia und Hermann Hesse. Die unterschiedlichen Naturstimmungen, die er dabei erlebt, motivieren den jungen Schriftsteller zu herrlichen, aber auch zu nachdenklichen Gedichten.

Irgendwann wird Hesse das Leben in Gaienhofen zu eng, obwohl er dort ein repräsentatives Haus mit genügend Platz für sich, seine Frau und ihre drei Kinder gebaut hat. Er schreibt: »Dann tut mir das Herze weh, dass ich kein einsamer Wanderer mehr bin und ich gäbe mein bisschen Haus und Glück und Behagen für einen alten Hut und Ranzen, um noch einmal die Welt zu grüßen und mein Heimweh über Wasser und Land zu tragen.«

Seine darauffolgende Reise führt ihn allein Richtung Indien und Ceylon.

Adresse Schloßstraße, 78343 Gaienhofen | Anfahrt B33 Richtung Konstanz, Ausfahrt Radolfzell, auf der L220 durch die Innenstadt, am Kreisverkehr in die Zeppelinstraße und dann auf L192 Richtung Stein am Rhein | Tipp Hesses Wohnhaus am Erlenloh hat einen Garten, der original wieder in den Zustand von 1910 zurückversetzt wurde (Hermann-Hesse-Weg 2).

31 Das Otto-Dix-Haus

Vom Fluchtort zur lebenslangen Bleibe

Als Otto Dix seinen Lehrstuhl 1933 an der Kunstakademie Dresden wegen »Malens entarteter Kunst« verlor, zog er an den Bodensee. Die ersten drei Jahre fand er mit seiner Familie Unterschlupf bei seinem Schwager im Schloss Randegg (siehe Ort 35). Dank einer Erbschaft seiner Frau konnte er in Hemmenhofen ein großes Grundstück mit herrlichem Seeblick erwerben. Auf diesem ließ er ein dreigeschossiges Atelier und Wohnhaus mit 400 Quadratmetern Wohnfläche nach Plänen des befreundeten Dresdner Architekten Schelcher erbauen. 1936 zog die Familie in das gegenüber dem Schweizer Ufer gelegene Domizil. Otto Dix blieb dort bis zu seinem Tod 1969.

Im Erdgeschoss befanden sich die Küche, das Wohnzimmer und das Musikzimmer (Martha Dix war eine ausgezeichnete Pianistin). Im ersten Obergeschoss waren sein Atelier mit einem sehr großen Fenster nach Osten und der Salon von Martha, im zweiten Obergeschoss hatten die drei Kinder ihre Zimmer.

Der Weg in das Haus führt heute durch einen wunderschön angelegten Garten. Im Haus erhält man an der Kasse einen Audioguide, dessen Gebrauch unbedingt zu empfehlen ist. Da im Hause selbst aus Sicherheitsgründen keine Originale hängen, sind auf den Wänden sepiafarbene Reproduktionen in Originalgröße abgebildet. Eine ausführliche Beschreibung der Kunstwerke und seines Schaffens sowie umfassende Informationen über das Leben der Familie Dix sind auf dem Audioguide zu erhalten. Selbst fast intime Details kann man hier erfahren. Zum Beispiel über das tragische Leben von Tochter Nelly, die nach mehreren Fehlgeburten im Alter von 32 Jahren starb. Oder dass Dix eine Geliebte in Dresden hatte, die er regelmäßig besuchte und die von ihm auch ein Kind bekam.

Die einzigen Originale befinden sich im Keller. Hier malte Otto Dix, vielleicht auch zusammen mit Gästen aus Anlass einer Faschingsparty, auf die Kellerwände.

Adresse Otto-Dix-Weg 6, 78343 Gaienhofen-Hemmenhofen | Anfahrt A81, Ausfahrt Radofzell, auf der L192 zwischen Radolfzell und Öhningen, in Hemmenhofen direkt auf der Hauptstraße parken, 10 Minuten Fußweg bis zum Haus | Öffnungszeiten Mi–So 10–17 Uhr | Tipp Bei schönem Wetter auf die Gartenterrasse des Cafés im Museum sitzen und die phantastische Aussicht auf den Bodensee genießen.

32 Der Friedhof

Tod mit Aussicht

»Wenn ich nicht Großherzog wäre, wollte ich Pfarrer von Horn sein.« Ein größeres Kompliment hätte der kleine Ort kaum erhalten können. Und Friedrich I. von Baden (1826 – 1907) muss wohl einen guten Grund für diese Aussage gehabt haben. Vermutlich kam ihm der Gedanke, als er aus einem Fenster des Pfarrhauses den herrlichen Blick auf den Bodensee genoss. Denselben Blick hat man, wenn man über den Horner Friedhof geht, der zwischen Pfarrhaus und Kirche liegt.

Ungewöhnlich ist auf diesem Friedhof, dass auf der obersten Reihe der Gräber fast nur Namen von Geistlichen stehen. Das lädt zum Nachdenken ein. Als katholischer Christ, vornehmlich als Pfarrer, glaubt man an ein Weiterleben nach dem Tode. Und man wünscht sich sehnlichst, vielleicht nach einer gewissen Zeit im Fegefeuer, für alle Zeit im Paradies leben zu dürfen. Wie das Paradies aussieht, darüber ist man sich allerdings nicht ganz einig. Es wurde oft darüber geschrieben, und etliche Künstler aus verschiedenen Epochen haben es gemalt, gerne auch mit einer nackten Eva, die einen Apfel pflückt. Die auf dem Friedhof liegenden Menschen waren sich aber vermutlich einig, wie das Paradies auszusehen hat und wo es verortet ist. Nämlich am Platz ihres Grabes. Denn diese Aussicht ist wahrhaft himmlisch. Man blickt fast über den ganzen westlichen Bodensee. Bei guter Sicht steigt dahinter ein atemberaubendes Alpenpanorama empor. Da bleibt dem Betrachter fast der Atem weg.

Wer bei diesem Anblick seine Dankbarkeit für die Schönheit der Natur in einem Gebet formulieren möchte, der ist in der daneben liegenden Kirche willkommen.

Noch etwas Bodenständiges! Beim Stichwort »himmlisch« kommt einem auch das vorzügliche Essen in dem in unmittelbarer Nachbarschaft liegenden Gasthof Hirschen in den Sinn. Der »Hirschen« gilt als kulinarischer Geheimtipp am Bodensee.

Adresse Im Weingarten, 78343 Gaienhofen-Horn | **Anfahrt** A81, Ausfahrt Radolfzell, L192 von Radolfzell Richtung Stein am Rhein, der Parkplatz für Friedhofbesucher liegt direkt an der Friedhofmauer | **Tipp** Vom Dorfzentrum aus führt direkt ein Weg zur Aussichtsplattform auf dem Wasserturm, wo man, fast nicht zu glauben, noch eine bessere Aussicht als auf dem Friedhof hat.

33 Das Jüdische Museum

Dramatische Erinnerungen

»Die Saujuden, diese Bande, dieses Ungeziefer. Pfui, da muss man sich die Nase zuhalten. Ich danke Ihnen, dass Sie endlich hergekommen sind, um Ordnung zu schaffen«, so die Worte des Gailinger Bürgermeisters an die SS-Leute, die am 10. November 1938 gekommen waren, um die Synagoge zu zerstören und die jüdischen Bürger zusammenzutrommeln und zu verhaften. Im Keller des Rathauses wurden der Rabbiner und andere Engagierte eingepfercht und teilweise brutal misshandelt. Hunderte von Gailinger Juden kamen im Zuge dieser Aktion ins KZ Dachau und starben dort. Nur wenige konnten flüchten und sich ins Ausland absetzen.

Gailingen war bis zu dieser Zeit ein Ort mit hohem jüdischen Bevölkerungsanteil. Juden und Christen lebten in Frieden hier zusammen und respektierten einander. Es gab sogar eine jüdische Schule, die von 65 jüdischen Kindern besucht wurde. Nach der Einführung der Simultanschule wurden christliche und jüdische Schüler gemeinsam von christlichen und jüdischen Lehrern unterrichtet.

Die Pogromnacht war aber letztendlich nur der Gipfel dessen, was den Juden in Gailingen angetan wurde. Hier wurde von Anfang der NS-Zeit an ein besonders bösartiger Bürgermeister eingesetzt. Die Juden durften nur noch wenige Stunden am Tag ihr Haus verlassen (und nur ganz kurz) und nur in bestimmten Läden einkaufen und sollten sich am besten nicht sehen lassen. Wenn man sie sah, wurden sie mit Steinen beworfen, angespuckt oder getreten. Umso wichtiger ist es, dass das Bürgerhaus zu einem Museum und Dokumentationszentrum für die jüdische Geschichte des Hegaus umgewidmet wurde, damit die Vergangenheit lebendig bleibt. Das geschieht auch durch Vorträge und ständige Geschichtsforschung in diesen Räumen. Gegenüber dem Museum stand die Synagoge, der Platz ist unbebaut, auf einer Tafel sind die Namen der getöteten Juden eingemeißelt. Es ist schockierend, wie viele es waren.

Adresse Ramsener Straße 12, 78262 Gailingen | Anfahrt B31, von Gottmadingen auf der L190 über Randegg nach Gailingen, die Ramsener Straße ist die Verlängerung der Hauptstraße, Parkplätze vor dem Haus | Öffnungszeiten Di und Mi 10–17 Uhr, Fr 14–18 Uhr | Tipp In Gailingen gibt es an der Bürglestraße einen großen jüdischen Friedhof, der aber wegen seiner hohen Mauer etwas schwer einsehbar ist.

34 Der Bahnhof

Als Lenin ein Ticket 2. Klasse kaufte

Es war der 9. April 1917. Aus dem Nahverkehrszug aus Zürich entstiegen 32 Passagiere, die nicht so richtig ins Alltagsbild des Bahnhofs passen wollten. Sie wurden von deutschen Offizieren begrüßt und ins Empfangsgebäude geführt, wo sie ihre Reiseformalitäten erledigten und ihre Fahrkarten erwarben. Auf dem Bahngleis standen ein Gepäck- und ein D-Zug-Waggon für die Reisegesellschaft bereit. Ein großer Teil ihres Proviants war allerdings schon vom Zoll in Schaffhausen beschlagnahmt worden.

Wer waren diese besonderen Fahrgäste? Es handelte sich um russische Revolutionäre, die aus ihrem Schweizer Exil wieder nach Russland reisen wollten, um dort die Revolution zu unterstützen. Dies lag durchaus in deutschem Interesse. Einer der Fahrgäste war Wladimir Iljitsch Uljanow, der später unter dem Namen Lenin in der Weltgeschichte eine bedeutende Rolle spielen sollte.

Er hatte mit seiner Frau eines von den drei 2.-Klasse-Abteilen im Waggon beansprucht. Die fünf restlichen Abteile waren dritter Klasse. Vier dieser Abteile waren ebenfalls von Russen belegt, im fünften saß die deutsche Begleitmannschaft. An der Grenze zwischen dem von deutschen und den von Russen belegten Abteilen war ein Kreidestrich auf den Boden gezeichnet, genauso wie auf dem Bahnsteig, wo die Russen einen gesonderten Bereich hatten. Diese beiden Bereiche wurden zu russischem Territorium erklärt. Somit war die Gruppe rein staatsrechtlich nie auf deutschem Boden unterwegs. Auf dem Bahnhof weist nichts auf die Begebenheit von damals hin.

Die Nacht verbrachten die Revolutionäre auf dem Bahnhof Singen, wo sie mit Bier und Butterbroten versorgt wurden. Am nächsten Morgen ging es weiter nach Stuttgart, Berlin und zum Fährhafen Sassnitz. Die beiden Sonderwaggons wurden jeweils an Linienzüge angehängt. Über Schweden und Finnland erreichten die Männer am 16. April Sankt Petersburg. Was dann geschah, kann man in den Geschichtsbüchern nachlesen.

Adresse 78244 Gottmadingen | Anfahrt von B34 aus Richtung A81 beim Ortseingang in die Johann-Georg-Fahr-Straße einbiegen, weiter bis zum Bahnhof | Tipp Zur Erinnerung an die Traktorenfabrik hat der Verein »FAHR-Schlepper-Freunde e.V.« in der Carl-Benz-Straße 9 ein großes Traktorenmuseum eingerichtet.

35 Das Schloss

In zweifacher Hinsicht vom NS-Regime betroffen

Es gibt im Hegau wohl keinen Ort dieser überschaubaren Größe, der mit solchen Besonderheiten punkten kann. Das Wahrzeichen des Ortes ist das intakte, das Dorfbild dominierende Schloss. Es wurde in seiner 800-jährigen Geschichte dreimal zerstört und wieder aufgebaut. Nach häufigem Besitzerwechsel wurde es 1923 von dem Düsseldorfer Arzt und Kunstsammler Hans Koch erworben. Die Familie Koch bewohnt es heute noch, und unter dem jetzigen Bewohner Titus Koch ist es zu einer namhaften Kunstgalerie geworden. Alle zwei Jahre findet hier die Kunstausstellung »Experimentelle« statt.

Von 1933 bis 1936 wohnte Otto Dix mit seiner Familie im Schloss Randegg, nachdem er seine Professur in der Dresdener Kunstakademie verloren hatte. Besitzer des Schlosses war der Ex-Mann von Ottos Frau Martha Dix. In dieser Zeit malte Dix auch das Bild »Der jüdische Friedhof von Randegg«. Es gehört zu den bekanntesten Werken des Künstlers nach 1933 und ist im Stil ganz anders als seine Bilder der Dresdner Zeit. Es erinnert an die große jüdische Gemeinde Randegg, die es seit Mitte des 17. Jahrhunderts hier gab. Im Jahre 1825 waren über 40 Prozent der Einwohner jüdischen Glaubens. Es gab im Dorf eine eigene Synagoge, eine jüdische Schule und einen eigenen Rabbiner. Doch dann kam 1933 der Nationalsozialismus, und die Randegger Juden ereilte dasselbe Schicksal wie jene aus Gailingen: Wirtschaftlicher Boykott, Repressalien und Entrechtung veranlassten den größeren Teil der jüdischen Bevölkerung zur Auswanderung. Wie in Gailingen wurde die Synagoge gesprengt und die Zurückgebliebenen in Konzentrationslager verfrachtet.

2013 gingen Archäologen der jüngeren Geschichte von Randegg buchstäblich auf den Grund und entdeckten tatsächlich am Standort der Synagoge das jüdische Ritualbad, die Mikwe. Dieser Fund ist wie der jüdische Friedhof ein lebendiges, eindrucksvolles Zeugnis jüngster Ortsgeschichte.

Adresse Schloss Randegg, Otto-Dix-Straße 52, 78244 Gottmadingen-Randegg | **Anfahrt** von A81 auf B34 Richtung Gottmadingen, 1 Kilometer danach auf L190 nach Randegg | **Tipp** Der jüdische Friedhof, der fast genauso wie auf Dix' Gemälde aussieht, liegt unweit des Ortsrands an der Straße Richtung Thayngen.

36 Das Kloster

Eine Auszeit vom Alltag

Unsere Zeit mit ihrer ungeheuren Angebotsvielfalt an Unterhaltung lässt die Menschen nicht mehr zu sich kommen. Egal ob man abends vor dem Fernsehgerät sitzt, ob man Auto fährt oder im Supermarkt einkauft, ständig wird man mit Musik oder Informationen berieselt. Selbst zum Joggen im Wald setzen viele Menschen einen Kopfhörer auf. Können sie denn die Stille nicht mehr ertragen?

Irgendwann kommt der Punkt, an dem viele Menschen sich fragen, ob das wirklich ihr Leben ist, ob sie nur noch ein Fleisch gewordener Müllfrachter sind, der auf den Wellen des Wohlstands dahindümpelt. Und dann entsteht der Wunsch, auszusteigen aus diesem Zustand und einen Weg zu finden, wieder zu sich selbst zu kommen.

Die Angebote sind da, und sie werden auch wahrgenommen, wenn der Leidensdruck zu groß wird. So auch im Kloster Hegne am Bodensee. Die Möglichkeiten sind vielfältig, Exerzitien, Kloster auf Zeit und mehr. Manche Menschen finden dabei auch wieder zu religiöser Spiritualität. Man macht sich auf den Weg und erlebt mit jedem Schritt, wie man seinem eigenen Ziel näherkommt. Hier begegnet man Menschen, die sich ganz einem spirituellen Weg verschrieben haben, den Kreuzschwestern. Dass ihre Lebensweise dem Menschen guttut, beweist ein Gang über den Friedhof. Sehr viele der Ordensfrauen sind sehr alt geworden.

Eine besondere Rolle in der Klostergeschichte spielte die selige Schwester Ulrika Nisch. Ihre religiöse Demut gab ihr besondere Kraft, mit ihren schweren Krankheiten zurechtzukommen. Viele Menschen pilgern an ihren Sarkophag und finden dort Trost und immer wieder auch Besserung ihrer Leiden. Zu ihrem Gedenken steht auf dem Klosterfriedhof ein großes Kreuz des Bildhauers Oskar Steidle, auf dessen Vorderseite der gekreuzigte Jesus auf ihre Grabplatte hinunterblickt. Auf der Rückseite thront der Auferstandene majestätisch in erhabener Würde.

Adresse Konradistraße 12, 78476 Allensbach-Hegne | **Anfahrt** B33 zwischen Kreuz Hegau und Konstanz, wenige Kilometer vor Konstanz direkt in den Ort abbiegen | **Tipp** Zum Speisen und zum Übernachten empfiehlt sich das Hotel St. Elisabeth in unmittelbarer Nachbarschaft des Klosters.

37 Das Bürger- und Bauernmuseum

Das Diorama mit einer Szene aus dem Bauernkrieg

Man soll »als Strafe für das das verbotene Sturmläuten … die gefangengenommenen rebellischen Bauern zwingen, die Glocke aus dem Kirchturm herabzulassen und mit eigener Kraft an den Untersee zu verbringen.« Dies war der Befehl des Bauernbezwingers Mark Sittich von Ems vom 2. Juli 1525, der anschließend mit der Glocke und den Gefangenen nach Bregenz segelte und sie dann »an einer Straß in die Aychen hencken« ließ. Das Diorama im Bürger- und Bauernmuseum stellt den Glockentransport auf erschütternd realistische Weise dar.

Dass die Bauern sich gegen ihre Herren auflehnten und einen Aufstand wagten, war mehr als gerechtfertigt. Zu groß waren die Bürden geworden, die man dem kleinen Mann auflud. Es waren ja nicht nur die vielen Abgaben und Steuern, die meist in Form von Naturalien erbracht werden mussten, sondern vor allem die Frondienste, zu denen sie gezwungen wurden. Wer heute die vielen mächtigen Burgen des Hegaus bewundert, dem sollte klar sein, dass sie von den Bauern erbaut wurden, zusätzlich zu ihrer täglichen mühsamen land- und forstwirtschaftlichen Arbeit.

Und die Bauern gingen nicht einfach wahllos auf ihre Herren los. Nein, sie einigten sich auf zwölf Artikel, die schriftlich formuliert wurden und dank der neu erfundenen Buchdruckkunst 25.000-mal gedruckt wurden. Sie enthielten sehr vernünftige Forderungen, die eine friedliche Koexistenz zwischen Herrschaft und Untertanen ermöglicht hätten.

Doch die Obrigkeit schlug unbarmherzig zurück. Ein kriegserfahrenes Söldnerheer, ausgestattet mit modernen Waffen, besiegte die schlecht ausgerüsteten und unorganisierten Bauernhaufen. Zurück blieben Zigtausende Getötete. Die Überlebenden fristeten weiterhin in Armut und meist als Leibeigene noch Jahrhunderte ein armseliges Leben.

Adresse Hauptstraße 36, 78247 Hilzingen | **Anfahrt** B314 von Singen Richtung Tengen, in Hilzingen auf dem großen Kreisverkehr in die Dietlishofer Straße und dann auf der Hauptstraße in den Ortskern, Museum direkt neben der Kirche | **Öffnungszeiten** April–Okt. 1. So im Monat 14–17 Uhr | **Tipp** Das ehrenamtlich geführte Museum bietet regelmäßig sehr interessante Veranstaltungen zur Ortsgeschichte, teilweise mit Verköstigung.

38 St. Peter und Paul

Der Erntedankteppich

In den ländlichen, katholisch geprägten Gemeinden Süddeutschlands ist es heute noch üblich, Gott für die Ernte der vergangenen Saison zu danken. Zu diesem Anlass wird meist ein Seitenaltar mit Obst und Gemüse dekoriert und anschließend vom Pfarrer gesegnet. Zusätzlich wird in einigen Gemeinden ein Bild aus Naturmaterialien auf dem Boden vor dem Hauptaltar angefertigt.

Das Erntedankbild in der Kirche St. Peter und Paul in Hilzingen ist vermutlich das meistbesuchte seiner Art im Hegau. Und das nicht ohne Grund, denn drei Wochen lang legt eine Hand voll Frauen Tausende von Körnern, Früchten und Samen zu einem großartigen Kunstwerk zusammen, das ab der Kirchweih bewundert werden kann. Als Vorlage dient ein gemeinsam ausgesuchtes Kunstwerk. Im Pandemiejahr 2021 wurde ein Gemälde der heiligen Corona gewählt, die als Schutzpatronin gegen Seuchen aller Art gilt. Sie soll in der Zeit der Christverfolgungen im Alter von 16 Jahren den Märtyrertod erlitten haben. Die Darstellung zeigt sie an zwei herabgebogenen Palmen festgebunden. Beim Loslassen der Bäume wurde sie in Stücke gerissen.

Zurück zum Erntedankteppich! Schon lange vor der Anfertigung des Naturkunstwerks werden die Materialien gesammelt, alle nur erdenklichen Samen in unterschiedlichsten Größen, dazu getrocknete Blütenblätter. So geben Geranien ein leuchtendes Rot, Rosenblätter ein zartes Rosé und Kornblumen ein kräftiges Blau. Das Legen des Bildes erfordert extreme Präzision. Mit langen Pinzetten werden feinste Details sichtbar gemacht. Unterstützung erhalten die Frauen auch von Kindern und Jugendlichen, die eigene kleine Bildchen kreieren und dabei die Kunst des Schmuckbildlegens erlernen. Dadurch sind sie in der Lage, diese schöne Tradition weiterzuführen.

Die Kirche St. Peter und Paul ist ein Werk des berühmten Barockbaumeisters Peter Thumb. Der Besuch ist also in doppelter Hinsicht zu empfehlen.

Adresse Peter-Thumb-Straße 1, 78247 Hilzingen | Anfahrt A81, Ausfahrt Hilzingen, dann in den Ortskern Hilzingen | Tipp Von Hilzingen aus führen eine Reihe sehr schöner Wanderwege ins Kernland des Hegaus.

39__Das Weingut Vollmayer

Höchstlagig und höchstgradig

Vielen Menschen fällt, wenn die Sprache auf das Weingut Vollmayer kommt, spontan der Name Beate Vollmayer ein. Sie war nämlich in der beliebten SWR-Reihe »Lecker aufs Land« als Teilnehmerin beim Kochwettbewerb zu sehen und erreichte dabei nicht nur die höchste Punktzahl von allen, sondern gewann auch mit ihrer herzlichen, unkomplizierten Art die ungeteilte Sympathie der Fernsehzuschauer. Dass man im Verlaufe der Sendung auch vieles über die Arbeit auf dem Weingut Vollmayer erfahren durfte, war ein willkommener Nebeneffekt.

Dieses Weingut, zwischen Hilzingen und Singen am Fuße des Hohentwiel verortet, besitzt den höchstgelegenen Weinberg Deutschlands. Dass hier trotz der Höhenlage ein im wahrsten Sinne des Wortes ausgezeichneter Wein wächst, ist zum großen Teil der Bodenbeschaffenheit zu verdanken. Der Hohentwiel ist nämlich ein ehemaliger Vulkan. Und obwohl er schon vor etwa 15 Millionen Jahren erloschen ist, haben die ausgespuckten Lavamassen einen stark mineralhaltigen Boden hinterlassen. Diese Mineralien sind für die besondere Aromatik der Hohentwiel-Weine verantwortlich. Hinzu kommt der sehr naturnahe ökologische Anbau, ein Aspekt, welcher dem Weingut sehr wichtig ist.

Der Weinbau hat am Hohentwiel schon eine über tausend Jahre alte Tradition. Der Weinvorrat der Besatzung der Festung war fast legendär. Doch vor etwa 300 Jahren vernichtete die Reblaus sämtliche Reben. Erst Anfang des 20. Jahrhunderts begann der Großvater der Familie Vollmayer wieder mit dem Weinanbau. Heute wird der Betrieb in der dritten Generation mit hoffnungsvollem Blick in die Zukunft geführt. Alle drei Töchter sind schon, ausgestattet mit einer guten weinspezifischen Ausbildung, im Betrieb tätig. So werden vermutlich auch in Zukunft Bioweine mit höchstgradigen Auszeichnungen in den Regalen des Verkaufsraums stehen.

Adresse Georg Vollmayer, Weingut Elisabethenberg 1, 78247 Hilzingen | **Anfahrt** A81, Ausfahrt Hilzingen, B314 Richtung Singen, nach etwa 1 Kilometer links zum Weingut einbiegen | **Öffnungszeiten** Mo–Fr 10–12 und 14–18 Uhr, Sa 9–13 Uhr | **Tipp** Oberhalb des Weinguts beginnt der Vulkanpfad. Auf etwa vier Kilometern Strecke kann man Spannendes und Wissenswertes über den Hohentwiel erfahren.

40 Die Waldrappaufzucht

Eine Vogelart erfolgreich vor dem Aussterben bewahrt

Es gehört bestimmt europa-, ja vielleicht sogar weltweit zu den bemerkenswertesten Projekten im Bereich der Arterhaltung von Vögeln. Seit etwa 1600 gibt es nördlich der Alpen Waldrappen nur noch in Zoos, vielleicht wegen ihres ungewöhnlichen, ästhetischen Aussehens. Jahrhundertelang war diese Vogelart eine beliebte Trophäe und galt als besondere Delikatesse. Sie wurde deswegen gnadenlos bejagt und war zum Schluss akut vom Aussterben in freier Wildbahn bedroht.

Dank des europäischen Erhaltungszuchtprogramms konnte dieser Trend gestoppt werden. Mit ausreichend großem personellen und technischen Aufwand wurden an verschiedenen Orten Aufzuchtstationen eingerichtet, die mittlerweile sehr erfolgreich arbeiten. Eine dieser Aufzuchtstationen befindet sich im Hegau nahe bei Binningen. Dort kümmern sich drei engagierte Personen um die Tiere. Zwei von ihnen werden im Laufe der Aufzuchtzeit zu Bezugspersonen. Durch ihre gelbe Kleidung sind sie für die Vögel gut erkennbar. Wenn die Vögel flügge sind, kommt für sie die große Herausforderung, der Flug in den Süden. Sie folgen einem mit der Bezugsperson und einem Piloten besetzten Ultraleichtflugzeug und erreichen so in wenigen Tagen ihren Überwinterungsort. Den Rückflug im Frühjahr packen sie selbstständig und finden sogar mit optimierter Flugroute zurück. Dort brüten sie dann wieder und vermehren sich.

Ganz gefahrlos ist der Rückflug für sie nicht. Ein immer noch zu großer Anteil stirbt auf Strommasten und wegen illegalen Abschusses. Dem wirkt man durch besser gesicherte Strommasten auf der Flugroute und durch GPS-Sender am Tier entgegen.

Das Projektende ist für 2028 geplant. Bis dahin sollen 360 Paare in Mitteleuropa wieder heimisch sein. Mit etwas Glück können wir dann dem Vogel mit seinem gebogenen roten Schnabel und seiner wilden Frisur wieder in der Natur begegnen.

Adresse Beurener Straße 9, 78247 Hilzingen-Binningen | Anfahrt von Hilzingen auf B314 Richtung Tengen nach Binningen, der Flugplatz mit Aufzuchtstation liegt direkt neben der Bundesstraße | Tipp Oberhalb von Binningen liegt das Naturschutzgebiet um den Binninger Weiher. Ein Führer bietet 11 verschiedene hochinteressante, abwechslungsreiche Wanderrouten.

41 Der Burgstall

Ein Unterschlupf für Mensch und Tier

Wer auch immer den unweit der Stadt Singen gelegenen Ort Riedheim besucht, stößt zwangsweise auf die mitten im Dorf gelegene mächtige Burganlage. Da stellen sich gleich zwei Fragen: Warum wurde sie nicht wie die anderen Burgen auf einem der zahlreichen Berge erbaut, und warum ist sie noch, wenigstens äußerlich, praktisch unversehrt? Die erste Frage ist nicht ganz geklärt. Eine Vermutung ist, dass die wechselnden Burgherren ein gutes Verhältnis zu den Dorfbewohnern hatten und ihnen einen nahen Zufluchtsort bieten konnten. Zudem war bekannt, dass es bei den niederadligen Besitzern, die das Anwesen nur zu Lehen hatten, nicht viel zu holen gab. Lediglich im Schweizerkrieg anno 1499 wurde die Burg beschädigt.

Was den guten Erhaltungszustand betrifft, so kommt das nicht von ungefähr. Es waren während des 20. Jahrhunderts umfangreiche Sanierungsmaßnahmen erforderlich, damit dieses Gebäude aus dem 13. Jahrhunderts nicht zerfiel.

Während die heutige Bevölkerung sich hier nur noch einmal jährlich beim Burgfest trifft, haben andere Lebewesen hier einen festen Wohnsitz: nämlich die äußerst seltenen Mörtelbienen. Diese bauen ihre Nester aus zehn bis 15 Brutzellen gerne in Natursteinmauern. Zum Schutze vor Feinden und Regen überziehen sie die Nester mit Mörtel. Im Frühjahr schlüpfen die sofort geschlechtsreifen Insekten aus ihren Zellen und bilden die nächste Bienengeneration.

Die fast gänzlich schwarzen Tiere sind vom Aussterben bedroht. Der Grund ist die Intensivierung der Landwirtschaft. Die Mörtelbienen ernähren sich von Hornklee und Esparsette, die früher auf den Wiesen reichlich anzutreffen waren. Heute fehlen diese Blumen wegen des wesentlich früheren Schnitts und der intensiven Düngung als Nahrungsquelle. In Riedheim wurde für Abhilfe gesorgt, indem man in die Nähe der Mauern große Beete mit Hornklee und Esparsette anpflanzte.

Adresse Turmstraße 8, 78247 Hilzingen-Riedheim | Anfahrt A81, Ausfahrt Hilzingen, auf B314, an Hilzingen vorbei nach Riedheim, dort an der Kreuzung am Ortseingang nach rechts abbiegen | Tipp Beim jährlichen Burgfest im Burgareal trifft sich Jung und Alt, um bei zünftiger Blasmusik ein wenig Mittelalterluft zu schnuppern.

42 Der Hohenstoffeln

Kampf ums Überleben bis ins 20. Jahrhundert

Am 31. Dezember 1938 wurde der Abbruch von Basaltgestein am Hohenstoffeln per Dekret endgültig verboten. Signiert war das Schreiben von Hermann Göring persönlich. Nachdem der Berg schon drei Jahre zuvor zum Naturschutzgebiet erklärt worden war, hatten die fast 30-jährigen Bemühungen der Hegauer Naturschützer unter der Federführung des bekannten Heimatdichters Ludwig Finckh endlich Erfolg. Dessen gute, aber nicht unumstrittene Beziehungen bis in die obersten Etagen der Reichsführung gaben letztendlich den Ausschlag. Und tatsächlich gäbe es den Hohenstoffeln in seiner jetzigen Form sonst nicht mehr, denn der Basaltabbau am Berg hatte gewaltige Ausmaße angenommen. Auf einer vier Kilometer langen Drahtseilbahn wurde das für den Straßenbau sehr geeignete Material bis in das Schotterwerk Mühlhausen transportiert und direkt auf die Eisenbahn verladen. Noch heute kann man in Mühlhausen Überreste des Schotterwerks entdecken.

Dabei ist der Berg auch sehr geschichtsträchtig. Bis zum Dreißigjährigen Krieg standen auf dem Vulkan mit den zwei Höckern drei Burgen nebeneinander. Die größte von ihnen auf dem Südgipfel könnte man getrost auch als Schloss bezeichnen. In der mittleren Etage befanden sich die Wohnräume, unter anderem ein Kinderzimmer. Der oberste Stock war Festlichkeiten vorbehalten und wie an einem Fürstenhof ausgestattet: Ölgemälde und Gobelins an der Wand, Sessel mit rotem und schwarzem Leder überzogen. Reichlich Geschirr aus Silber und Gold, Kristallgläser und sogar ein Klavikordium zur Unterhaltung.

Doch dann kam der Dreißigjährige Krieg. Zuerst konnte die Besatzung sich gegen mehrere Angriffe verteidigen. Doch gegen eine Übermacht von 8.000 Angreifern hatten die 200 Verteidiger keine Chance. Das Schloss wurde bis auf die Grundmauern zerstört und vollständig geplündert. Übrig blieben nur wenige Mauerreste mit einer kleinen Fensteröffnung.

Adresse 78247 Hilzingen-Weiterdingen | Anfahrt A81, Ausfahrt Hilzingen, von Hilzingen L190 bis Weiterdingen, Parkplätze in der Nähe von Weiterdingen, von denen man zu Fuß auf den Hohenstoffeln gelangen kann, zum Beispiel vom Hombollhof aus | Tipp Der Berg ist ein bekanntes Wanderparadies mit vielen unterschiedlichen Wanderwegen.

43 Der Krater Höwenegg

Vom Basaltsteinbruch zum Naturjuwel

Während am Hohenstoffeln der Basaltabbau im Jahre 1938 auf persönliche Anweisung von Hermann Göring jäh abgebrochen wurde, schürfte man am Höwenegg bis 1979 nach vulkanischem Gestein. Dadurch entstand ein 80 Meter tiefer Krater. Der Ausbruch des Vulkans vor 12 Millionen Jahren muss sehr heftig gewesen sein, denn die damals lebenden Tiere konnten sich offensichtlich nicht mehr schnell genug in Sicherheit bringen – sie wurden unter dem herausgeschleuderten Gesteinsmaterial begraben. Erst im 20. Jahrhundert nach Christus kamen sie in versteinerter Form wieder ans Tageslicht. Die Begeisterung der Archäologen war riesig, die hier gemachten Funde waren sensationell. Das dreihufige Urpferd wurde erstmals entdeckt. Aber auch Säbelzahntiger, Elefanten, Nashörner und Antilopen tummelten sich damals um eine offensichtliche Wasserstelle. Darum wurden auch versteinerte Skelette von Schildkröten, Krabben und Fischen gefunden. Der ehemalige Vulkan birgt auch Mineralien wie den Amicit, der weltweit nur sehr selten vorkommt.

Heute sind der durch die Bauarbeiten entstandene smaragdgrüne Kratersee und die ihn umgebenden bis zu 80 Meter hohen Felsriesen ein Schutzort für seltene Tiere, die alle auf der roten Liste der gefährdeten Arten stehen; darunter der Uhu, die Schlingnatter, die Zauneidechse, der Mohrenfalter oder die Waldhyazinthe.

Da war es schon recht verwunderlich, dass man aus diesem Naturphänomen eine Mülldeponie machen wollte. Zu Recht löste dies einen riesigen Proteststurm aus, nicht nur unter Naturschützern, sodass dieses Vorhaben recht schnell wieder in Vergessenheit geriet.

Heute gehören der Krater und seine Umgebung zu den landschaftlich idyllischsten Orten des Hegaus, manchmal etwas gestört durch das Reifenquietschen, das von den Autos auf der naheliegenden Daimler-Benz-Autoteststrecke herrührt.

Adresse 78194 Immendingen, Gundelhof | Anfahrt am Ende der Ortsdurchfahrt Immendingen Richtung Tuttlingen, B311, auf L225 Richtung Engen, nach etwa 4 Kilometern zum Gundelhof abbiegen, nach wenigen 100 Metern kommt ein großer Parkplatz, von dort zu Fuß den Schildern folgen, noch 10 Minuten Fußmarsch | Tipp Im Heimatmuseum Immendingen und im Rosensteinmuseum in Stuttgart sind ausführliche Dokumentationen der Höweneggfunde zu sehen.

44 Das Rehletal

Nicht nur Frauenschuh

Es ist noch nicht so viele Jahre her, da überfielen regelrecht Tausende Neugierige in den Monaten Mai und Juni das zwischen Hattingen und der Talmühle gelegene Rehletal, um die dortige Frauenschuhpopulation zu besichtigen. Selbst Busunternehmer boten Fahrten in dieses Gebiet an. Jeder wollte möglichst viel sehen und möglichst ein Erinnerungsstück mit nach Hause bringen. Die Besucher pflückten die seltenen Pflanzen oder gruben sie aus und betraten willkürlich den Waldboden, ohne Rücksicht darauf, wie schädlich dies für die wertvollen Pflanzen war.

1973 wurde das Areal zum Naturschutzgebiet erklärt. Von nun an war es strafbar, hier ein »Souvenir« mitzunehmen. Aber man wollte den Besuchern trotzdem den Genuss der Orchideenvielfalt nicht vergällen. Deswegen wurden Wege angelegt, mit Hanfseilen diskret begrenzt, die naturschonend durch den lichten Wald führen. Mit kleinen Holzschildchen wird heute auf die verschiedenen Blumenarten hingewiesen, das erspart langes Suchen in Pflanzenführern.

An einigen Stellen sind auch umfangreichere Informationen zu bekommen. So erfährt man, dass der Frauenschuh 16 Jahre braucht, bis er blühen kann. In den ersten vier Jahren ernährt sich der Keimling ausschließlich von einem bestimmten Wurzelpilz. Durch Betreten können unbeabsichtigt das Wachstum verhindert und die kaum sichtbaren Neutriebe zerstört werden.

Wichtig ist auch, dass der Wald offengehalten wird und die Kiefern ungestört wachsen können, denn die herabfallenden Kiefernadeln erzeugen sauren Humus, der wiederum das Wachstum der Orchideen begünstigt. Dafür sorgen Forstmitarbeiter und freiwillige Helfer. Durch diese Unterstützung und die mittlerweile große Vernunft der Besucher ist es möglich, außer dem Frauenschuh auch das Waldvögelein, die Fliegenragwurz, die Waldhyazinthe, den gelben Enzian, das Knabenkraut, das Reckhölderle und viele weitere seltene Pflanzen hier zu bewundern.

Adresse Naturschutzgebiet Ramberg Rehletal, 78194 Immendingen | Anfahrt B311, bei Immendingen nach Hattingen abbiegen, etwa in Ortsmitte Richtung Engen abbiegen, K5944 etwa 4 Kilometer folgen, der große Wanderparkplatz ist unübersehbar | Tipp Es gibt sehr schöne Rundwege, die an den Natur-Sehenswürdigkeiten entlangführen. Beginnen kann man an verschiedenen Standorten, zum Beispiel Moorsee, Orchideenwiese, Startpunkt Mauenheim.

45 Die Witthohkirchlein

Gegensätzlicher geht es nicht

Ganz idyllisch liegt sie da am Fuße des Witthoh, die Brunnenkapelle mit ihrem kleinen Zwiebeltürmchen. Brunnenkapelle heißt sie, weil es an diesem Platz viele Quellen gibt. Dies war auch vermutlich der Grund, warum hier schon 1275 ein Frauenkloster entstand, das über mehrere Jahrhunderte hinweg einen Wallfahrtsort betreute. Nach der Auflösung des Klosters wohnte hier noch etliche Jahre ein Einsiedler. Die Innenausstattung des Kirchleins stammt aus verschiedenen Zeitepochen. Verwaist ist dieses Gotteshaus auch heute nicht, hier finden regelmäßig Hochzeiten und Andachten statt.

Im Volksmund heißt sie Roßkapelle. Einer Legende nach soll sich einst ein Pferd in die Kirche verirrt haben. Ein Windstoß ließ die Türe zufallen, sodass das Tier eingesperrt war. Als es Hunger bekam, knabberte es am Glockenseil – mit dem Effekt, dass das Glöcklein zu läuten begann. Dadurch wurden die Leute auf das Pferd aufmerksam und befreiten es.

Ganz anders ist die Kapelle St. Johannes und Jakobus. Von Weitem könnte man sie auch für ein Wasserreservoir halten. Beim Näherkommen entdeckt man an dem kubischen Bau sakrale Elemente. Da ist vor allem das Kreuz auf der Spitze einer Rampe, die aus dem Gebäude herausragt. Das Innere mit ebenfalls modernem Duktus ist eine raffinierte Mischung aus Glas und Beton mit interessanter Lichtführung. Hier bilden die beiden Apostelfiguren der Heiligen Johannes und Jakobus aus dem 19. Jahrhundert einen augenfälligen Kontrast. Das Kirchlein ist außerhalb der Gottesdienste nur von außen zu besichtigen. Aber eine raffinert positionierte Glasscheibe in der Rückwand ermöglicht einen Blick sowohl in das Kircheninnere als auch am Kreuz vorbei in die Hegaulandschaft. Die im Jahre 2004 erbaute Kirche wurde von einem Tuttlinger Industriellen gespendet und vom Stararchitekten Günter Hermann geplant und erbaut. Ein Besuch, verbunden mit einer Wanderung, lohnt sich.

Adresse Brunnenkapelle: Riedhof, 78194 Immendingen-Hattingen; Kapelle Jakobus und Johannes: Windegg 1 | Anfahrt B491, in Emmingen auf K5429, bis Hattingen Ortsmitte Kirche; Rundweg von Hattingen auf den Witthoh: von der Hattinger Kirche auf dem Möhringer Weg bis zur Abzweigung nach rechts, dort ist die moderne Kapelle, von dort zum ehemaligen Kinderheim und dann hinunter zum Riedhof mit der naheliegenden Brunnenkapelle | Tipp Zurück über den Witthoh mit Einkehr im Café Windegg mit sehr schöner Seesicht.

46 Der Müller-Thurgau

Wenn Schmuggelgut zum Verkaufsschlager wird

Es ist ein kühler Aprilmorgen im Jahr 1925. An dem kleinen Hafen von Hagnau legt ein Fischerboot an. Eigentlich eine alltägliche Angelegenheit, aber das Ruderboot des Winzers Johann Baptist Röhrenbach trägt eine ungewöhnliche Fracht. Unter den Fischernetzen befinden sich nämlich Weinreben. Sie wurden in einer abenteuerlichen Schmuggelfahrt vom schweizerischen Ermatingen ans deutsche Bodenseeufer gebracht.

Zu dieser Zeit ist es nämlich schlecht bestellt um den Weinbau am Bodensee. Der Wein ist sauer und hat auch sonst wenig Vorzüge. Aber Röhrenbach hat am Schweizer Rheinufer eine neue Sorte entdeckt, die viel besser schmeckt und gut mit dem Bodenseeklima zurechtkommt. Züchter der Rebe ist Professor Hermann Müller, aus dem Thurgau stammend. Gezogen hat er die Trauben im deutschen Geisenheim. Als er Direktor einer Versuchsanstalt in der Schweiz wird, baut er diesen Wein in seinem Betrieb an – und ist begeistert. Er will ihn unbedingt auch bei sich zu Hause anbauen. Als Chef der markgräflichen Weingüter wäre das für ihn möglich. Doch der Markgraf verbietet ihm das Anpflanzen der neuen Rebsorte. Röhrenbach ist überzeugt von der Zukunft dieser Rebsorte und hat eine Idee: Er besorgt sich in der Schweiz Setzlinge, schmuggelt sie nach Immenstaad und pflanzt sie auf einem kleinen Weinberg bei sich zu Hause an. Als Erste kamen die Gäste der Schlossgaststätte Kirchberg in den Genuss des neuen Weins, dessen vorzügliche Qualität sie schnell erkannten. In Windeseile wird der Müller-Thurgau in ganz Deutschland zum Modewein und zum Motor des deutschen Weinbooms.

Natürlich wird Müller-Thurgau immer noch bei Röhrenbachs in Immenstaad angebaut und gekeltert. Mittlerweile in der dritten Generation. Gerne erinnert sich die Familie an die abenteuerliche Schmugglerfahrt von 1925 und hat sie auf dem Flaschenetikett verewigt.

Adresse Weingut Röhrenbach – Winzer am See, Wolfgangweg 18, 88090 Immenstaad am Bodensee | **Anfahrt** B31, am westlichen Ortsende in Hardtstraße und dann in Wolfgangweg einbiegen | **Tipp** Immenstaad hat eine sehr schöne Uferpromenade mit guter Gastronomie.

47 Das ALM

Geschichte kann so spannend sein

Können Sie sich noch an den Geschichtsunterricht in Ihrer Schule erinnern? Meistens war es nur Auswendiglernen von Jahreszahlen und den Namen der »Helden« früherer Zeit. Das Thema Nationalsozialismus wurde in den 50er und 60er Jahren gerne ausgeklammert, inklusive der Judenverfolgung. Letztlich blieb das Verslein »333, bei Issos Keilerei« in den Köpfen der Schüler hängen. Einen Geschichtsunterricht, in einer spannenden Form dargeboten, kann man heutzutage im Archäologischen Landesmuseum Konstanz, kurz ALM genannt, erleben. In den Räumen der ehemaligen Benediktinerabtei Petershausen werden geschichtliche Themen von der Steinzeit bis ins 18. Jahrhundert sorgfältig aufgearbeitet präsentiert.

Dazu gehören steinzeitliche Pfahlbauten, keltische Hügelgräber, römisches Stadtleben, das Leben auf der Burg und viele andere Bereiche. Für die Darstellung der Schifffahrt auf dem Bodensee wurde sogar ein neues, lang gestrecktes Gebäude errichtet. Das Prunkstück darin ist der mittelalterliche Lastensegler von knapp 20 Meter Länge, der 1981 am nördlichen Bodenseeufer bei Immenstaad entdeckt wurde. In diesem Stockwerk sehen wir auch die Darstellung einer etwas anrüchigen archäologischen Grabungsstelle in Konstanz, nämlich der Latrinen. Da diese gleichzeitig als Müllschlucker dienten, konnten die Forscher viel über die Ernährung und alltägliche Lebensweise der Konstanzer in Erfahrung bringen.

Eine Besuchergruppe liegt dem ALM besonders am Herzen: die Kinder und Jugendlichen, denen man mit Hilfe von historischen Playmobilszenarien auf Augenhöhe begegnen will. Bei aller Spielerei wird trotzdem großer Wert auf historische Korrektheit gelegt. Die Themen greifen jedes Mal das Motto der aktuellen Jahresausstellung auf und machen es auf diese Weise für Kinder attraktiv. So befasste man sich 2023 mit dem Thema Burgen und Ritter, zuvor war das Konstanzer Konzil dran.

Adresse Benediktinerplatz 5, 78467 Konstanz | ÖPNV Linie 1, Haltestelle Spanierplatz oder Sternenplatz | Anfahrt B33 bis kurz vor der Rheinbrücke, dort links zum Benediktinerplatz mit Parkhaus einbiegen | Öffnungszeiten Di–So 10–17 Uhr | Tipp Im Museum gibt es außer den Playmobilszenarien noch viele andere Angebote für Schulklassen, Kindergärten und sonstige Gruppen, einfach mal nachfragen. Zur Erholung steht eine kleine Cafeteria, auch mit Außenbestuhlung bereit.

48 Das Hus-Museum

Von der Gans zum Schwan

»Heute bratet ihr eine Gans (tschechisch »husa«), aber aus der Asche wird ein Schwan entstehen.« Das waren die Worte von Jan Hus auf dem Weg zum Scheiterhaufen in Konstanz. Und das ist der Grund, warum Luther oft mit einem Schwan abgebildet wird und warum auf vielen protestantischen Kirchen auf der Spitze ein Schwan sitzt. Jan Hus war um 1400 ein großer Reformator im heutigen Tschechien. Er kämpfte für die Trennung von Staat und Kirche, hielt seine Predigten in der Landessprache, verurteilte den Ablasshandel und forderte mehr Beteiligung der Gläubigen am kirchlichen Geschehen. Dafür erhielt er großen Zuspruch in der Bevölkerung. Dem Papst war er ein Dorn im Auge, der Heilige Vater quittierte seinen Reformeifer mit dem Kirchenbann.

Als 1414 in Konstanz das Konzil einberufen wurde, um die mittlerweile von drei Päpsten regierte Kirche wieder zu vereinen, gab man auch Hus die Möglichkeit, vor den Größen der Kirche seine Meinung kundzutun. Dafür sicherte der Kaiser persönlich ihm freies Geleit zu. Doch kurz nach seiner Ankunft wurde er verhaftet und der Ketzerei angeklagt, was zu einem Todesurteil führte. Der Kaiser hielt sein Versprechen für freies Geleit nicht ein, und so wurde Hus nach mehrmonatiger Kerkerhaft am 6. Juli 1415 vor den Toren von Konstanz verbrannt.

Doch Hus starb nicht umsonst. Die Anhänger seines Glaubens organisierten sich militärisch, und nur durch brutale Niederschlagung konnte die Staatsgewalt erhalten bleiben. Aber der protestantische Glaube war im Volk dadurch verbreitet worden. Die Hussiten erkämpften sich 1485 in Böhmen verbriefte Religionsfreiheit. Es war der Auslöser der Reformation in Deutschland unter Luther, der sich gerne in Bezug auf die obige Aussage mit einem Schwan abbilden ließ. Viele seiner Thesen stammen von Hus.

Wie sehr Hus noch heute in der Tschechei verehrt wird, zeigt sich darin, dass der Tag seiner Hinrichtung Nationalfeiertag ist.

Adresse Hussenstraße 64, 78462 Konstanz | **ÖPNV** vom Bahnhof 10 Gehminuten entfernt | **Öffnungszeiten** April–Sept. Di–So 10–12 und 13–17 Uhr, Okt.–März Di–So 10–12 und 13–16 Uhr | **Tipp** Falls im Museum viele Menschen sich in einer slawischen Sprache unterhalten, ist das nicht verwunderlich. Das Museum ist für Tschechen fast so etwas wie ein Wallfahrtsort. Es liegt mitten in der Konstanzer Einkaufsmeile.

49 Die Imperia

Was steckt hinter dem neuen Konstanzer Wahrzeichen?

Die Entstehungsgeschichte der Imperia liest sich fast so spannend wie ein Krimi. Der Vorsitzende des Konstanzer Fremdenverkehrsvereins hatte die Idee, als Konkurrenz zum Löwen in der Lindauer Hafeneinfahrt auch am Konstanzer Hafen eine Plastik zu installieren. Er dachte an so etwas Ähnliches wie die Freiheitsstatue in New York. Als bekannt wurde, dass Peter Lenk damit beauftragt werden sollte, brach, wen wundert's, ein Proteststurm los. Doch alle Verhinderungsversuche seitens des Stadtrats blieben erfolglos, da das Grundstück sich auf Hoheitsgebiet der Bundesbahn und der Bodensee-Schiffsbetriebe befand.

In einer Nacht- und Nebelaktion wurde die Statue 1993 auf dem Sockel des ehemaligen Leuchtturms installiert, eine technische und organisatorische Meisterleistung. Bei der Enthüllung staunten die Menschen nicht schlecht. Zu sehen ist eine sparsam bekleidete, neun Meter hohe, 18 Tonnen schwere Frauenfigur aus Beton. Auf ihren Armen trägt sie zwei nackte Männerfiguren, die eine mit einer Papsttiara, die andere mit einer Kaiserkrone auf dem Kopf. Der Sockel ist beweglich und dreht sich in vier Minuten einmal um die eigene Achse. Ihr Name ist Imperia, eine Romanfigur von Balzac, die während des Konstanzer Konzils geistlichen und weltlichen Würdenträgern als Geliebte diente. Die Größenverhältnisse der Figuren weisen darauf hin, wer die Macht in den Händen hielt. Auf dem Kopf trägt die Imperia eine Narrenkappe mit Glöckchen. Das ist eine Anspielung auf Till Eulenspiegel, der wie Peter Lenk gerne den Menschen den Spiegel vorhielt, um sie auf ihre Unzulänglichkeiten hinzuweisen und seinem Ärger über Missstände Luft zu machen.

Mit der Imperia hat der stets sehr ideenreiche und zum Schalk neigende Bildhauer nicht nur das neue Wahrzeichen von Konstanz geschaffen, sondern vermutlich auch das meistfotografierte Motiv des Bodensees.

Adresse Hafeneinfahrt, 78462 Konstanz | ÖPNV 7 Gehminuten vom Bahn- und Busbahnhof entfernt | Tipp Einen Parkplatz in der Innenstadt zu finden ist fast unmöglich. Empfehlung: Das Parkhaus am Benediktinerplatz hat immer freie Plätze, ist sehr preiswert, und man benötigt nur 20 Gehminuten in die Innenstadt inklusive dem Blick von der Rheinbrücke.

50 Die Krypta im Münster

Geheimnisvoll beeindruckend

Wer das Konstanzer Münster betritt, der ist überwältigt von der Fülle an Kunst, die einem im Innern begegnet. Mehr als 1.000 Jahre Kirchenkunst umspannen die Plastiken und Malereien, die im Kirchenschiff selbst, in den Seitenkapellen sowie im Kreuzgang zu bewundern sind. Aber es gibt in, besser gesagt unter dem Münster einen Ort, der im extremen Kontrast zur Üppigkeit der restlichen Kirche steht.

Es ist die Krypta, der älteste begehbare Raum. Krypten dienten früher normalerweise als Grabstätte für Könige, Herzöge und Ortsadlige. Oft befanden sich dort auch die Reliquien von Heiligen. Viele Krypten werden als gespenstisch empfunden, da man sich im Keller der Kirchen bei sparsamem Licht zwischen großen Steinsärgen bewegt. Die Konstanzer Krypta hat einen vollkommen anderen Charakter. Sie ist gut ausgeleuchtet. Die Wände und die Säulen sind in braungelben Farbtönen gestrichen, was dem ganzen Raum Wärme verleiht. Fünf der Kapitelle besitzen zeitübliche florale Muster, eines ist jedoch figürlich gestaltet im typisch romanischen Kunststil. Eindeutiges Zentrum des Raumes ist die feuervergoldete Bronzescheibe mit etwa zwei Meter Durchmesser aus der Mitte des 10. Jahrhunderts. Sie zeigt den thronenden Christus mit zwei Engeln, einer hat eine Hand zum Segen erhoben, die andere hält ein Buch mit dem Satz (auf Deutsch übersetzt): »Kommet alle zu mir, die ihr mühselig und beladen seid.« Neben der großen Scheibe hängen zwei kleinere mit den Konstanzer Patronen Konrad und Pelagius, dessen Reliquien in einem kleinen Sarg in einer Nische aufbewahrt werden. Eine weitere Scheibe mit einem Adler, Symbol für den Apostel Johannes, befindet sich im Nebenraum.

Diese Krypta nimmt den Besucher beim Betreten gefangen und lässt ihn ganz still werden. Und beim Verlassen spürt man, dass einem etwas sehr Wohltuendes widerfahren ist.

Adresse Münsterplatz 4, 78462 Konstanz | ÖPNV 10 Gehminuten vom Bahn- und Busbahnhof entfernt | Öffnungszeiten gleichzeitig mit dem Münster | Tipp Natürlich am besten mit einem Kirchenführer die Kirche erkunden. Besonders hervorzuheben sind die beeindruckenden Kirchenfenster in der Welser-Kapelle, die erst im Jahre 1990 von Hans Gottfried von Stockhausen geschaffen wurden.

51 Das Museumscafé im Rosgartenmuseum

Im Sommer kühl und im Winter heimelig

Wie sollte ein Café aussehen, das in solch einem altehrwürdigen Bau wie dem Rosgartenmuseum untergebracht ist? Natürlich adäquat! Und diesen Anspruch erfüllt es. Man betritt das Lokal durch ein mächtiges Tor im klassizistischen Stil. Die Türe ist so massiv, dass sie durchaus aus einer Burg im Hegau stammen könnte. Im Innenraum hängen viele historische Fotografien aus der jüngeren Stadtgeschichte. Der zugehörige Innenhof ist heimelig und im Sommer vermutlich der kühlste Platz in der vor Hitze glühenden Stadt. Für den erholungsbedürftigen Gast gibt es Kaffee, Tee, Wein, Bier, Kuchen und kleine Snacks – genug, um über Mittag ein kleines Päuschen einzulegen.

Wer den Kaffeegenuss mit einem Museumsbesuch verbindet, erfährt angesichts der umfangreichen Sammlungen viel zur Konstanzer Ur- und Stadtgeschichte: Da ist zuerst einmal im »historischen Saal« die umfangreiche Sammlung des Museumsgründers mit Fossilien und steinzeitlichen Funden, aufbewahrt in wunderschönen Vitrinen aus dem 19. Jahrhundert. Der zweite Schwerpunkt ist mittelalterliche Kunst mit vielen wertvollen Plastiken und Gemälden aus dieser Zeit.

Absolutes Prunkstück des Museums ist der Zunftsaal, eingerichtet als Versammlungsort und Trinkstube der Konstanzer Zünfte, die im Mittelalter eine wichtige Rolle innehatten. Hier ist in einer stark gesicherten Vitrine das Original der »Richental-Chronik« zu bestaunen. Der Konstanzer Bürger Ulrich von Richental schildert in diesem reich bebilderten Buch ausführlich die Geschehnisse rund um das Konstanzer Konzil (1414–1418). Sein Bekanntheitsgrad in der Stadt verhalf ihm zum Kontakt mit den wichtigen Persönlichkeiten des Konzils. Gleichzeitig beschrieb er das Alltagsleben im Mittelalter bis ins kleinste Detail. Auch den Schauprozess gegen Jan Hus bis zu seiner Hinrichtung rekonstruierte er sorgfältig und schuf so ein bedeutendes Geschichtsdokument.

Adresse Rosgartenstraße 3–5, 78462 Konstanz | ÖPNV 10 Gehminuten von Bahn- und Busbahnhof entfernt | Öffnungszeiten Di–Fr 10–17.30 Uhr, Sa 10–16.30 Uhr, So 11–16.30 Uhr | Tipp Den Besuch kann man sehr gut mit einem Einkaufsbummel in der Innenstadt verbinden. Viele kleine Boutiquen und Restaurants befinden sich in unmittelbarer Nähe zum Museum.

52 Die Kunstgrenze

Ungewöhnliche Historie

Nicht gerade schmeichelhaft waren die Begriffe, welche sowohl die Konstanzer als auch die Kreuzlinger für den Zaun übrig hatten, der die beiden Stadtteile über Jahrzehnte voneinander trennte. Als Juden- oder Asylantenzaun bezeichnete man im Volksmund die Grenzbefestigung, die 1939 hier errichtet wurde, um die Flucht von deutschstämmigen Juden ins Ausland zu verhindern. Von vielen Einheimischen als Schandmal empfunden, wurde er 1973 sogar noch verlängert. Jetzt regte sich in Konstanz und Kreuzlingen massiver Widerstand gegen dieses Bauwerk. Trotzdem brauchte es noch einige Jahre, bis statt des Zauns ein attraktives Kunstwerk direkt auf der Grenze entstand.

Jetzt markieren 22 rote Edelstahlskulpturen des Künstlers Johannes Dörflinger die Grenze. Thematisch wollen sie die Trümpfe des Tarot wiedergeben, wie zum Beispiel den Narren, den Magier, die Liebe, die Kraft. Auch der Tod oder das Rad des Schicksals wurden auf eine einfache, aber stimmige Form reduziert.

Mit viel Aufwand und viel Euphorie wurde das Kunstwerk im Jahre 2007 der Öffentlichkeit übergeben. Es sei zu »einem wichtigen Symbol für ein Europa der offenen Grenzen geworden, das an seine friedensstiftenden Werte als gemeinsame Grundlage für die Zukunft glaubt und sich dafür engagiert«, sagte der Oberbürgermeister 2017 zum zehnjährigen Jubiläum.

Doch dann geschah das Unfassbare. Im Rahmen der Coronamaßnahmen wurde auf deutscher Seite am 16. März wieder ein Zaun errichtet. Zwei Wochen später entstand auch von Schweizer Seite in zwei Metern Abstand ein Zaun. Jetzt war kein Kontakt mehr möglich. Verwandte, Freunde, selbst Paare ohne Trauschein durften sich nicht einmal mehr die Hand geben. Glücklicherweise dauerte es nicht sehr lange, bis die Zäune wieder fielen. Aber es kehrte eine große Ernüchterung in der Bevölkerung bezüglich der Haltbarkeit von politischen Freundschaften ein.

Adresse Klein Venedig, Konstanz-Kreuzlingen | ÖPNV 9 Gehminuten vom Bahnhof und Busbahnhof entfernt, auf der Seeseite des Bahnhofs wenige 100 Meter Richtung Kreuzlingen gehen | Tipp Direkt neben der Kunstgrenze liegt der Vergnügungspark Klein Venedig mit einem wahrhaft riesigen Riesenrad.

53 Hafengeschichten

Wie aus Sernatingen Ludwigshafen wurde

In mancherlei schriftlichen Dokumenten im Raum Ludwigshafen taucht immer wieder der Name Sernatingen auf. Was haben die beiden Namen miteinander zu tun? Sehr viel! Denn Sernatingen ist der Vorgängername von Ludwigshafen.

Holen wir etwas aus in der Geschichte. Nachdem Napoleon nach 1800 zum unbestrittenen Herrscher über große Teile Europas geworden war, krempelte er die herrschaftlichen Verhältnisse auf dem Gebiet des heutigen Deutschlands komplett um. Aus unzähligen Klein- und Kleinststaaten wurden große Staatsgebilde, regiert von ihm getreuen Herrschern. In diesem Zusammenhang kam auch der kleine Hafenort Sernatingen von der Grafschaft Nellenburg zum Großherzogtum Baden. Nachdem das Bodenseeufer nur noch fünf Anrainer hatte, sah man im Regierungssitz Karlsruhe die Chance, mit Hilfe eines neuen Hafens den kleinen Ort zu einem bedeutenden Umschlagplatz zu machen. 1826 waren die Hafenanlagen fertig und wurden nach dem Großherzog Ludwig »Ludwigshafen« benannt. Daraufhin wollten die Bürger auch den Ort in Ludwigshafen umtaufen. Die Umbenennung im Jahre 1826 war Anlass für ein riesiges Fest, zu dem der Erzherzog persönlich anreiste und den neuen Namen feierlich verkündete.

Zu den Hafenanlagen kam 1837 das Hauptzollamt als großes zweistöckiges Bauwerk hinzu. Man erhoffte sich ja schließlich viele Einnahmen durch Zölle. Der geplante Eisenbahnanschluss im Jahre 1850 sollte Ludwigshafen endgültig zum »wichtigsten Platz am See« machen. Leider kam der Anschluss erst 50 Jahre später, was der Euphorie einen ordentlichen Dämpfer gab. Immerhin legte 1831 das auf den Namen Leopold getaufte erste Linienschiff mit Dampfbetrieb im Hafen an.

Außer dem prächtigen Zollamtsgebäude, in dem heute das Rathaus untergebracht ist, erinnern ein großer, mit Muskelkraft zu betreibender Kran in der Hafenmole und davor liegende Eisenbahnschienen an den früheren bedeutenden Handelshafen.

Adresse Hafenstraße 5, 78531 Bodman-Ludwigshafen | Anfahrt A81, Ausfahrt Stockach-Ost, Richtung Ludwigshafen, Parkplätze gibt es am Bahnhof und oberhalb des Strandbads | Tipp Das Triptychon von Peter Lenk an der westlichen Seite des Rathauses hat in ganz Deutschland wegen seiner Nacktdarstellungen berühmter Politiker Aufsehen erregt. Trotzdem, oder vielleicht gerade deswegen, ist es zum größten Touristenmagnet des Badeortes geworden.

54 Die Höri-Bülle

Eine besondere Delikatesse

Wenn man einen Hegaubewohner fragt, ob es außer den Vulkanen in seiner Region etwas gibt, was man sonst nirgends findet, dann fällt ihm spontan die Höri-Bülle ein, eine Zwiebelsorte, die als konkurrenzlos schmackhaft gilt. Sie besitzt ein besonders mildes, leicht pikantes Aroma. Man kann sie tatsächlich essen wie einen Apfel. Erst beim Garen entwickelt sie eine größere Schärfe, ihre zartrote Färbung geht dabei nicht verloren. Am häufigsten findet sie als Zutat zum Wurstsalat Verwendung. Doch gerade bei regionalen Festen und Veranstaltungen werden auch Büllesuppe, Bülledünne, eine besondere Abwandlung der Pizza, Büllebrot und vieles mehr rund um die Bülle angeboten.

Die Menschen im Hegau, besonders die Bewohner in Seenähe, wissen schon seit mehr als tausend Jahren das besonders milde Klima als gute Vorrausetzung für den Gemüseanbau zu schätzen. So ist nachzulesen, dass der berühmte Mönch Walahfrid Strabo zur Verbesserung der Mahlzeiten die »Zibel« in den Klostergärten anpflanzte.

Die Anbaufläche der Höri-Bülle nimmt in letzter Zeit immer mehr ab, und damit auch die Ernte. Grund dafür ist der große zeitliche Aufwand, den die Bülle für ihre Aufzucht benötigt. Büllesamen sind nicht im Handel erhältlich. Es sind meist ältere Frauen, die während der Ernte besonders gut geratene Exemplare aussortieren und sie für die Samenerzeugung verwenden. Eine ganze Reihe von Arbeitsschritten ist notwendig, bis die Samen so weit sind, dass man sie in den Boden stecken kann. Während des Aufwachsens müssen die Jungpflanzen mehrmals von Hand gejätet werden. Auch die Ernte muss von Hand erfolgen, da die Erntemaschinen die empfindliche Haut schnell zerstören würden.

Es ist den älteren Bäuerinnen auf der Höri zu verdanken, dass wir immer noch jedes Jahr dieses ganz besondere Gemüse genießen dürfen. Eine besondere Attraktion der Verkaufsläden sind die kunstvoll geflochtenen Zwiebelzöpfe.

Adresse Höristraße, 78345 Moos-Iznang, mehrere Hofläden entlang der Durchfahrtstraße | Anfahrt B33, L192 von Radolfzell Richtung Stein am Rhein | Tipp Moos besitzt einen sehr schönen, weitläufigen Badestrand. Echter Geheimtipp, da er nie überlaufen ist.

55 Die Ruine Mägdeberg

Die Burg, die Ruine und die Frauen

Die Entstehung der Burg liegt relativ im Ungewissen. Was klar ist, ihr Name hat eindeutig etwas mit »Mägde«, also dem früheren Begriff für Frauen zu tun. So soll am Anfang hier eine Kapelle errichtet worden sein, die der heiligen Ursula und ihren 11.000 Mägden (Jungfrauen) geweiht war.

Die Burg selbst wurde zuerst von einem Reichenauer Abt erbaut, der sich hier oben sicherer fühlte als in seinem Wohnsitz beim Kloster. Nach einigen Jahren verkaufte der Abt die Burg mit Zubehör an den Herzog von Österreich. Und aus was bestand das Zubehör? Aus Leuten, Gütern, Dörfern, Gerichten, Freiheiten, Rechten. Ein bemerkenswertes Zubehör!

In der Folge wurde diese Burg zu einem laufenden Besitz- und Tauschobjekt. Es lohnt sich kaum der Mühe aufzuzählen, wer wie lange jeweils Eigentümer des Anwesens war. Natürlich wurde sie auch öfters belagert, manchmal erfolglos, manchmal erfolgreich. Zu den sicherlich erfolgreichsten Belagerern gehörte die Besatzung der Festung Hohentwiel mit ihrem Kommandanten Konrad Widerholt, die ihrerseits allen Angriffen standhielt. Widerholt beherrschte ein riesiges Territorium um die Festung herum. Aus taktischen Gründen eroberte er alle Burgen in der Umgebung und brannte sie nieder, um dem Feind keinen Rückzugsort zu bieten.

Die Burg wurde zwar wieder notdürftig instandgesetzt, aber dann doch aufgegeben und damit dem Verfall preisgegeben. Sie war danach mit ihren zugehauenen Steinen ein willkommener Lieferant von Baumaterial.

Noch ein besonderes Ereignis sei erwähnt: 1378 wurde die Burg einmal mehr belagert. Sechs Knechte und 18 Bauern aus dem Dorf Mühlhausen standen als Verteidigung einem riesigen Heer Soldaten gegenüber. Die Besetzer nahmen aber die Frauen der Bauern im Dorf als Geiseln. Da zogen die Bauern ab und übergaben die Burg. Das Leben ihrer Frauen war ihnen wichtiger.

Adresse 78259 Mühlhausen-Ehingen | Anfahrt A81, Ausfahrt Engen, auf K6127, in Mühlhausen von Schloßstraße auf Duchtlinger Steig abbiegen, dieser führt direkt zur Burgruine | Tipp An der Westseite der Burg gibt es eine Kletterwand für Bergsteiger.

56 Der ehemalige Bahnhof

Aufgegeben, aber nicht abgebrochen

Manche Gebäude erwachen plötzlich zu neuer Blüte, obwohl sie längst dem Untergang geweiht waren. Dann werden sie zu einem »Lost Place«, besucht und bewundert von Heerscharen von Hobbyfotografen, die den morbiden Charme eines solchen Gebäudes zu schätzen wissen.

Ja, der Bahnhof Schwackenreute war einmal ein stattliches Bauwerk, gebaut an einem Verkehrsknotenpunkt. Bei der Ausstattung hat man nicht gespart. Vor allem der Wartesaal strahlt noch eine Eleganz aus, die man in den heutigen Bahnhofsgebäuden schmerzlich vermisst. Der Ort, dem der Bahnhof seinen Namen verdankt, ist so klein, dass alle Einwohner spielend in der Eingangshalle Platz gehabt hätten. Zudem ist Schwackenreute nicht mal besonders nah an dem Bahnhof gelegen. Diese Tatsache macht sogar einem modernen Navigationsgerät zu schaffen, wenn es den Standort erklären soll.

Der Bahnhof ist zweifellos dem Tod geweiht, nicht aber die Bahnlinie Radolfzell-Mengen. Weit weg von der endgültigen Auflösung war sie jedoch nicht. Dabei hatte man in der Mitte des 19. Jahrhunderts große Pläne und Visionen. Die Linie sollte eine wichtige Rolle im Bahnverkehr zwischen Paris und Wien, Berlin und Mailand spielen. 1870 wurde die Strecke mit großem Jubel eröffnet. Leider erfüllten sich die Hoffnungen der Bahngesellschaften nicht, die Passagierzahlen lagen weit unter den Erwartungen. Der Personenverkehr wurde schrittweise in der zweiten Hälfte des 20. Jahrhunderts stillgelegt, während der Güterverkehr weiter existierte und dafür sorgte, dass die Gleise erhalten blieben.

Dann gab es eine Renaissance. 1996 wurde der Personenverkehr zwischen Stockach und Radolfzell wieder eröffnet. Und für Touristen fährt die Biberbahn wieder an bestimmten Sonntagen zwischen Stockach und Meßkirch. Der Name »Biberbahn« ist nicht ohne Ironie gewählt, denn dieses Nagetier sorgt immer für Reparaturarbeiten an der Strecke.

Adresse 78357 Mühlingen-Schwackenreute | Anfahrt der Bahnhof liegt direkt rechter Hand an der B313 | Tipp Unmittelbar hinter dem Bahnhof beginnt die große Schwackenreuter Seenplatte. Ein Naherholungsgebiet, das gar nicht so überlaufen ist und doch wunderschön liegt.

57 Die Stallscheune

Ein Haus lebt zweimal

Die Region um Salem ist und war auch früher äußerst fruchtbar. So ist es nicht verwunderlich, dass nicht nur das Kloster Salem, sondern auch einige Landwirte es zu großem Wohlstand brachten. Darum haben selbst die Bauern im kleinen Ort Haberstenweiler auf ihren Höfen stattliche Gebäude errichtet, um dem Bedarf gerecht zu werden. So entstand unter anderem eine riesige Stallscheune, die nicht nur wegen ihrer Größe, sondern auch wegen ihrer beispielhaften Holzarchitektur einzigartig ist. 150 Jahre stand das Holzgebäude an seinem Ursprungsort, bis es Teil des Freilichtmuseums Neuhausen ob Eck wurde. Auch der Umzug des Hauses war eine holztechnische Meisterleistung.

Eine Besonderheit dieses Hauses ist die über den Stallungen gelegene Knechtkammer. Sie erweckt die damalige Zeit und ihre Umstände wieder zum Leben. Und das Leben war für das Gesinde sehr hart. Doch wer aus einfachen Verhältnissen stammte, hatte meistens keine andere Wahl, als sich als Knecht oder Magd zu verdingen. Knechte fanden keinen Platz im Wohnhaus, sie mussten über dem Viehstall schlafen, damit bei Problemen jemand zur Stelle war. Die Arbeitszeit war täglich mindestens zwölf Stunden, im Sommer bei der Heuernte 16 bis 18. Der Lohn bestand im Wesentlichen aus Kost und Logis, ab und zu gab es ein Kleidungsstück oder ein Paar Schuhe. Einmal im Jahr wurde ein kleiner Lohn ausbezahlt.

In der Knechtkammer schliefen oft auch Hütejungen. Das waren Kinder, die im Frühjahr zu Fuß aus Tirol oder aus der Schweiz kamen, um hier zu arbeiten. Sie hatten die gleiche Arbeitszeit wie die Großen und wurden oft schlecht behandelt. Im Herbst traten sie wieder den langen Weg in die Heimat an, ausgestattet mit einem neuen Wams, Schuhen, etwas Nahrungsmitteln und ein wenig Geld. Eine Schulbildung wurde ihnen nie zuteil. Aber sie entkamen so dem Hungertod, der sie eventuell in ihrer Heimat ereilt hätte.

Adresse Freilichtmuseum Neuhausen ob Eck, Museumsweg 1, 78579 Neuhausen ob Eck | **Anfahrt** B311, Ortsmitte Neuhausen ob Eck im Kreisverkehr Richtung Donautal, ist gut ausgeschildert | **Öffnungszeiten** April–Okt. Di–So 9–18 Uhr | **Tipp** Das Museum ist auch sonst sehr sehenswert. Es gehört zu den schönsten seiner Art in Deutschland.

58 Die Bodenseefischerei

Warum die Felchen selten werden

Zwei Stunden vor Sonnenaufgang zieht Martin Dietrich seinen wasserdichten Anzug und die Gummistiefel an, steigt in sein kleines Fischerboot und fährt hinaus in die morgendliche Stille des Seerheins. Selten findet diese Fahrt nicht statt, denn schließlich ist die Fischerei sein Beruf. Und auch heute noch ist das Erwachen des Tages für ihn ein besonderes Erlebnis, die schönste Seite seiner Arbeit. Wenn er dann die Netze einholt und sich seinen Fang ansieht, macht er sich immer öfter Gedanken. Denn der beliebteste Bodenseefisch, der Felchen, hat sich rar gemacht. Jahrzehntelang war er auf fast jeder Speisekarte der Gastronomie am Bodensee zu finden. Es war sozusagen der Standardfisch.

Die Gründe für den enormen Rückgang sind vielfältiger Art. Da ist seltsamerweise die Sauberkeit des Bodensees. Das fast phosphorfreie Wasser verhindert das Wachstum bestimmter Pflanzen, von denen sich die Fische ernähren. Da ist die Rückkehr des Kormorans, dessen Lieblingsnahrung leckere Fische sind, und da ist die explosionsartige Vermehrung des Stichlings, der sich hauptsächlich von Laich und kleinen Fischen ernährt. Deswegen dürfen Felchen seit 2024 drei Jahre lang nicht mehr gefangen werden, damit sich der Bestand erholt.

Aber deswegen geht für Dietrich die Welt nicht unter. Schließlich gibt es auch noch den Aal, den Saibling, den Hecht und den Zander, alles ebenfalls wohlschmeckende Tiere. Je nach morgendlichem Fangerfolg liegen sie in der Theke des Fischladens in unterschiedlicher Anzahl bereit. Das heißt, man kann auch weiterhin ohne allzu schlechtes Gewissen Bodenseefische genießen. Sie gehören zum gesündesten Essen, denn ihr Aufwachsen ist 100 Prozent ökologisch und ihre Omega-3-Fettsäuren haben große Bedeutung für den menschlichen Stoffwechsel.

Deswegen ist der Kauf von Bodenseefisch gleichermaßen nützlich zum Erhalt der Fischerei als auch für die eigene Gesundheit.

Adresse Fischerei Dietrich, Stiegerstraße 14, 78337 Öhningen | Anfahrt L192 von Radolfzell Richtung Stein am Rhein, in Öhningen Ortsmitte auf die Stiegerstraße abbiegen und bis zum See hinunterfahren | Öffnungszeiten Di und Fr 9–12.30 Uhr, März–Okt. zusätzlich Do 17–19 Uhr | Tipp Das Museum Fischerhaus im Ortsteil Wangen und ein nachgebildetes Pfahlbauhaus geben einen Überblick zum UNESCO-Weltkulturerbe Prähistorische Pfahlbauten.

59 Die Petruskirche

Die Glasfenster von Otto Dix

In den Jahren nach dem Zweiten Weltkrieg hatten die evangelischen Christen auf der Höri den Wunsch, eine Kirche als Versammlungsort zu bauen. Petruskirche sollte sie aus gutem Grund heißen. Für die Orte entlang des Seerheins war damals der Fischfang noch ein wichtiger Erwerbszweig. Da lag es nahe, den heiligen Petrus als Namensgeber für die Kirche zu wählen. Denn Petrus war der erste Jünger Jesu und von Beruf Fischer. Gleich mehrere Bibelstellen beziehen sich auf die Fischerei. Zuerst das Wunder vom Fischfang, als Jesus die Fischer am See Genezareth nach erfolglosem Fang aufforderte, noch einmal hinauszufahren und die Netze auszuwerfen. Sie gehorchten und fingen nun so viele Fische, dass die Netze fast brachen. Zweites Beispiel: Bei der Berufung zum Jünger sagte Jesus zu Petrus: »Von nun an sollst du Menschen fangen.«

Die Beauftragung von Otto Dix, die Glasfenster in der Kirche zu gestalten, war ebenfalls ein großer Fang. Otto Dix war wie die evangelischen Christen ein Vertriebener. Und er schuf Großartiges. Wer die Kirche betritt, wird sofort erfasst von der Farb- und Ausdruckskraft der raumdominierenden Fensterbilder.

Die drei bearbeiteten Themen weisen auf markante Ereignisse in der Beziehung zwischen Christus und Petrus hin: Der große Hahn erinnert daran, wie Petrus seinen Herrn nach der Gefangennahme dreimal verleugnete. Erst nach dem dritten Ruf des Hahns erkannte Petrus, was er getan hatte, und weinte bitterlich. Das zweite Bild zeigt Petrus, als er Jesus erst nach dreimaliger Aufforderung erkannte. Mit dem Hinweis auf das Lamm bestimmte Jesus ihn zu seinem Nachfolger als Oberhirte der Christen. Das dritte, längs gestreckte Bild verschmilzt Jesus und Petrus zu einer Figur. Während der Kopf Jesus darstellt, weist das Fischernetz im unteren Teil auf Petrus hin.

In dieser Kirche verbindet sich große Kunst mit tiefer religiöser Innigkeit.

Adresse Oberhaldenstraße 1, 78337 Öhningen-Kattenhorn | **Anfahrt** von Radolfzell auf L192 Richtung Stein am Rhein, die Kirche befindet sich direkt neben der Straße | **Öffnungszeiten** ganztägig | **Tipp** In der Ortsmitte des Weilers Kattenhorn gibt es ein kleines Schloss. Von außen hübsch anzusehen, aber nicht besuchbar. Außerdem haben die Kattenhorner der Fischerei ein kleines Denkmal in Form eines Fisches gewidmet.

60_Das Dorflädele

Gemeinsam statt einsam

Im idyllisch gelegenen Dorf Schienen oberhalb von Öhningen ereignete sich dasselbe wie in vielen anderen Dörfern: Sparkasse, Postamt, Friseur, Milchhäusle und der Dorfladen verabschiedeten sich sukzessive, und plötzlich war das Dorf ohne Grundversorgung. Aber schlimmer noch war der Verlust eines Plätzchens, an dem man sich mit anderen Menschen aus dem Dorf treffen konnte.

In diesem Augenblick ging ein Ruck durchs ganze Dorf. Es gab ein großes Bedürfnis, weiterhin eine Anlaufstelle zu haben, in der vor allem ältere Menschen sich begegnen konnten, um miteinander zu reden. Zusätzlich bestand ein großer Wunsch, den täglichen Bedarf an Lebensmitteln und sonst Notwendigem im Ort selbst erwerben zu können. 2006 wurde eine Genossenschaft gegründet mit dem Ziel, wieder einen Versammlungsort für die Einwohner des Dorfes zu schaffen. Nach kurzer Zeit schon war das Lädele in Betrieb und wurde zu dem, was man sich erhofft hatte: ein Treffpunkt für Jung und Alt.

Eine besondere Wertschätzung erhielt das Lädele 2019, denn da wurde es bei der Grünen Woche in Berlin zum Dorfladen des Jahres gekürt. Die Einrichtung lief sogar so gut, dass man beschloss, die Betriebsfläche auf das Doppelte zu vergrößern. Im Mai 2023 wurde der Anbau feierlich eingeweiht.

Mittlerweile hat sich der Betrieb sogar zu einem regionalen Feinkostladen gemausert. Es gibt Lammfleisch von der Höri, Obst und Gemüse von hier, Fisch vom Bodensee und Maultaschen von der Genussmanufaktur. Das wissen auch die vielen Touristen im Sommer zu schätzen. Im erweiterten Gastronomiebereich ist zudem für größere Gruppen Platz für ein Schwätzle. Aber vor allem ist bei den Bürgern wieder ein Zusammengehörigkeitsgefühl entstanden.

Das Modell Schienen ist für viele andere Orte ein Vorbild geworden, was man erreichen kann, wenn man sich zusammenschließt, damit die Heimat lebens- und liebenswert bleibt.

Adresse Schienerbergstraße 3, 78337 Öhningen-Schienen | Anfahrt A81, Ausfahrt Radolfzell, L192 bis Öhningen, in der Ortsmitte rechts auf L193 nach Schienen | Öffnungszeiten Mo, Mi, Fr und Sa 7–17 Uhr, Di und Do 7–19 Uhr | Tipp Eine Wanderung zur Ruine Schrotzburg mit schöner Aussicht und ansehnlicher Burganlage lohnt!

61 Das Ferienhaus mit Kapelle

Erholung in sakral-meditativer Umgebung

Schon von Weitem ist das ehemalige Kirchlein an seinem Dachreiter mit Glocke zu erkennen. Wenn man sich nähert, spürt man, dies ist ein ganz besonderer Ort. Ist es auch. Ein Teil des Fundaments stammt aus dem 8. Jahrhundert. Tausend Jahre diente es als Kapelle und Kloster, dann als landwirtschaftliches Anwesen.

Den ersten Zugang erreicht man durch eine schmale Schneise, an deren Ende eine kunstvoll gestaltete Türe in den wenige Quadratmeter großen Andachtsraum führt. Er erinnert sehr an eine klösterliche Krypta. Entlang der Wände ist ein Chorgestühl eingebaut, darüber unter anderem uralte Graffitis von Jakobspilgern. Auf drei Stelen stehen die wichtigsten Heiligen mit Bezug zum hiesigen Ort, im Zentrum an der Wand ist ein Altärchen mit der Gnadenmadonna. Im Erdgeschoss des Haupthauses empfängt den Gast eine ausführliche Dokumentation über die Geschichte des Hauses, ein Minimuseum mit vielen Originalen aus 1.200 Jahren Geschichte.

Der Rest des Hauses ist zu einer Ferienwohnung umgebaut. Ganz im Sinne der Vergangenheit des Bauwerks sind die Möbel ausgesucht, die Zimmer gestaltet. So steht in der Küche ein alter Herd zum Kochen bereit. Die Schlafzimmereinrichtung könnte aus einem Schloss stammen, und im Wohnzimmer fühlt man sich wie in einem Rittersaal.

Die Außenanlagen sind dem Haus durchaus ebenbürtig. Da ist zum einen der Kräutergarten. Er ist traditionsgemäß in Kreuzform angelegt. Allerlei Heil- und Küchenpflanzen sorgen für einen unglaublichen Duft. Wer mit offenen Augen durch das Gärtlein geht, entdeckt darin zudem einen Engelsweg. Etwas abseits befindet sich ein keltischer Steinkreis, der bewusst zur Meditation anregt.

In Tausenden von Stunden geschaffen hat dieses kleine Paradies der jetzige Eigentümer, Johann Georg Maier, gläubiger Historiker und Schreiner in Personalunion.

Adresse Georg Johannes Maier, Am Käppeleberg 3, 78337 Öhningen-Schienen | Anfahrt B33, Ausfahrt Radolfzell, L192 bis Öhningen, in der Ortsmitte rechts auf L193 nach Schienen | Tipp Die unterhalb der Kapelle liegende dreischiffige Basilika stammt aus dem 9. Jahrhundert und gehört somit zu den ältesten Kirchen Süddeutschlands.

62 Der Unterhölzer Wald

Die Rückkehr des Wolfs

Als 2017 erstmals wieder in der Umgebung des Unterhölzer Walds Wölfe beobachtet wurden, festgehalten auf Handys, war die Aufregung groß! Schließlich wurde der letzte Wolf vor über 200 Jahren im Unterhölzer Wald erschossen und dessen Kadaver buchstäblich in einem Triumphzug nach Donaueschingen gebracht. Heute ist man diesem Tier deutlich wohlgesonnener.

Der Unterhölzer Wald, der direkt am Fuße des nördlichsten ehemaligen Hegauvulkans Wartenberg liegt, ist ein 634 Hektar großes Naturschutzgebiet von ganz besonderer Qualität. Er ist aus dem Jagdrevier der Fürsten von Fürstenberg entstanden. Jahrhundertelang hegte man in der seltenen Waldschönheit mit ihren alten Eichen und den parkartigen Wiesen Dam- und Rotwild. Dies und auch anderes Wild wurde bei den als großes Fest angelegten Jagden des deutschen Adels erlegt und die »Strecke« dann stolz präsentiert. Auch Kaiser Wilhelm II. war hier häufiger und gern gesehener Gast. Seinen tausendsten Fuchs erlegte er in der Nähe von Donaueschingen. Auch 26 Auerhähne aus fürstenbergischen Wäldern wurden zu seinen Trophäen. Für einen standesgerechten Aufenthalt der Herrschaften sorgte unter anderem ein mitten im Wald gelegenes Jagdschloss.

Die ländliche Bevölkerung hatte eher unter dem Anwesen zu leiden. Sie musste als Treiber die Jagd unterstützen, wenn die Herrschaft es befahl. Natürlich durfte kein Bauer selbst ein Tier erlegen, auch wenn es großen Schaden auf den Feldern anrichtete. Das änderte sich kurzfristig während der Badischen Revolution, als die Aufständischen die Jagdfreiheit verkündeten und mit Eifer anwandten.

Seit 1939 steht der Unterhölzer Wald unter Naturschutz und bietet zahlreichen Tieren und Pflanzen ein Zuhause. Vielleicht wird eines Tages sogar der Wolf hier wieder ständiger Gast. Jäger und Bauern haben allerdings noch keine Sehnsucht danach.

Adresse erreichbar zum Beispiel über Unterhölzerstraße, 78166 Donaueschingen-Pfohren | Anfahrt B31, in die Straße »Außer Ort« einbiegen und dieser bis zum Waldrand folgen | Tipp Diese Straße endet am Jagdschloss des Fürsten. Nur von außen zu besichtigen.

63 Die ehemalige SS-Kaserne

Erinnerung an eine dunkle Vergangenheit

1937 wurde in der neu erbauten Kaserne in Radolfzell eine SS-Einheit mit etwa 800 Mann stationiert. Die für ihre Rücksichtslosigkeit bekannte Sondertruppe stand direkt Hitler für »Spezialeinsätze« zur Verfügung. Auch im Umfeld von Radolfzell zeigte diese Truppe besonders im Rahmen der Novemberpogrome 1938 ihre Brutalität. Sie waren es, welche die Synagogen in Konstanz und auf der Höri in Brand setzten und sprengten. Auch trieben sie zusammen mit der Konstanzer Gestapo und der lokalen Ordnungspolizei am 22. Oktober 1940 in einer konzertierten Aktion die Jüdinnen und Juden der Region zusammen und brachten sie auf den Bahnhof, von dem aus sie ins südfranzösische Lager Gurs deportiert wurden.

1941 entstand hier auch ein Außenlager des KZ Dachau. Es wurde in den Pferdeställen der Kaserne für circa 120 Häftlinge eingerichtet. Sie mussten beim Bau der Schießanlage helfen. Zu der menschenunwürdigen Unterbringung kamen Hunger und schlechte medizinische Versorgung sowie die schikanöse Behandlung durch das prügelnde SS-Wachpersonal. Mindestens zwei Gefangene wurden nachweislich hier ermordet, weitere wurden bei Fluchtversuchen erschossen. Der Lagerkommandant wurde für seine Taten nach dem Krieg angeklagt und zum Tode verurteilt.

Es brauchte lange, bis die Stadt Radolfzell diese Zeit aufgearbeitet und eine Erinnerungskultur installiert hatte. Zuerst wurde in der zur Kaserne gehörenden Schießanlage eine Gedenktafel installiert. Seit September 2013 steht vor der ehemaligen Kaserne, die heute ein modernes Fabrikgebäude ist, eine Gedenkskulptur des Pforzheimer Künstlers René Dantes. Informationstafeln geben darüber Auskunft, was im Dritten Reich hier geschah.

Noch eine kleine positive Episode aus dieser Zeit: Der Bauunternehmer, der den Schießstand bauen sollte, verweigerte die Beschäftigung von Strafgefangenen und gab den Bauauftrag zurück. Immerhin!

Adresse Gedenkort ehemalige SS-Kaserne, Gewerbegebiet Nord, Steißlinger Straße, 78315 Radolfzell | Anfahrt B33, Ausfahrt Radolfzell, L220, Denkmal direkt neben der Kreuzung L220 und L226 | Tipp Im Stadtmuseum Radolfzell ist ein großes Zimmer zur NS-Zeit eingerichtet.

64__El Niño

Der textilfreie Wasserstandsmesser

Peruanische Fischer besitzen eine besondere Form von Humor. An der Westküste Südamerikas tritt in Abständen von ungefähr vier Jahren am Jahresende ein Wetterphänomen auf, das den dortigen Fischern zu schaffen macht. Scherzhaft nennen sie es »El Niño«, was Junge oder Knabe heißt, aber auch für das Christuskind verwendet wird. Die Fischer bekommen also sozusagen eine schöne Bescherung.

Was geschieht da? Durch die Passatwinde an der Pazifikküste vor Peru wird normalerweise das kühlere, tiefer liegende und nährstoffreiche Wasser nach oben gespült. Das führt zu einem schnellen Wachstum des Planktons und in Folge dessen auch zu einer deutlichen Erhöhung des Fischbestandes. Beim Wetterphänomen Niño sind die Passatwinde wesentlich schwächer, das Oberflächenwasser wird nicht mehr so intensiv mit dem kühleren Wasser durchmischt. Das Plankton stirbt dadurch ab, die Nahrungsketten brechen zusammen, die Fischer erleiden große Einbußen beim Fang. Doch auch die Fernwirkungen von El Niño darf man nicht unterschätzen. In einigen Ländern kommt es zu starken Regenfällen, das führt zu schweren Überschwemmungen an der süd- und nordamerikanischen Pazifikküste. Dafür herrscht im Amazonasgebiet große Trockenheit. Die Liste der Auswirkungen könnte beliebig erweitert werden, es ist ein unberechenbares Phänomen.

Und was hat das alles mit dem nackten, jungen Mann am Strand von Radolfzell zu tun, einer Skulptur des Künstlers Ubbo Enninga? Dieser »El Niño« will vermutlich auf die immer wiederkehrende Unberechenbarkeit des Wetters am Bodensee und auf der ganzen Welt und ihre Folgen aufmerksam machen. Manchmal sitzt der beliebte Radolfzeller Wasserstandsmelder komplett im Trockenen, ein andermal steht ihm das Bodenseewasser buchstäblich bis zum Hals.

Übrigens, die Welle auf dem kleinen n ist wichtig. Sie zeigt an, dass man den Namen El Niño wie El Ninjo ausspricht.

Adresse Skulptur in der Verlängerung der Bahnunterführung, direkt davor im See, 78315 Radolfzell | ÖPNV Bahnhof und Busbahnhof direkt am Hafen | Anfahrt B33, Ausfahrt Radolfzell, den Hinweisschildern folgen | Tipp In unmittelbarer Nachbarschaft ist die Schiffllände der Ausflugsschiffe.

65 Der Hausherrenschrein

Ganz schön viel Rummel wegen drei kleiner Reliquien

Was für Ravensburg das Rutenfest und für Weingarten der Blutritt, ist für Radolfzell der Hausherrentag am dritten Juliwochenende. Da kommt mal wieder der goldene Hausherrenschrein mit seinen drei Reliquien an die frische Luft, und Tausende Menschen wollen dieses Spektakel miterleben. Sämtliche Radolfzeller sind hier auf den Beinen, hauptsächlich um die Menschenmassen zu unterhalten und zu verköstigen. Musikkapellen, Trachten- und andere Vereine sorgen für musikalische und optische Leckerbissen.

Der Höhepunkt des Ganzen ist die Wasserprozession am Montag. In aller Frühe starten in Moos auf der Höri zahlreiche mit Blumen liebevoll geschmückte Boote zu einer Fahrt über den See in den Radolfzeller Hafen. Dort werden sie von geistlichen und weltlichen Amtsträgern sowie der Trachtengruppe und der Stadtkapelle empfangen und in feierlicher Prozession in das Münster begleitet. Dort findet dann ein Gottesdienst, das »Mooser Amt«, statt. Das alles geschieht wegen des Hausherrenschreins in der Kirche, der das Jahr über im Altar der Kirche hinter einer Glasscheibe zu bewundern ist. Die Reliquien stammen von den Heiligen Zeno, Theopont und Senesius. Zeno war um 370 Bischof von Verona, Theopont und Senesius starben als Märtyrer im Jahre 313. Die Stationen des Märtyrertodes von Theopont sind auf der Seite des Schreins dargestellt. 1. Theopont weigert sich, den Glauben zu verleugnen. 2. Er überlebt den Feuerofen. 3. Er verhungert nicht im Kerker. 4. Ein Auge wird ihm ausgerissen … Des Weiteren wird er kopfüber aufgehängt und zum Schluss enthauptet. Der zweite Märtyrer, Senesius, wird lebendig begraben. Die Reliquien brachte Bischof Radolt, dem Radolfzell seinen Namen verdankt, aus Italien mit.

Ob viele Festteilnehmer wissen, was es mit dem Hausherrenschrein auf sich hat, lassen wir dahingestellt. Dass das Hausherrenfest begeistert, darüber sind sich alle einig.

Adresse Marktplatz 7, 78315 Radolfzell | ÖPNV nur 5 Gehminuten vom Bahn- und Busbahnhof entfernt | Öffnungszeiten tagsüber | Tipp Das Radolfzeller Münster strotzt vor Kunstwerken aus vielen Jahrhunderten. Der Kauf des Kirchenführers ist dafür zu empfehlen.

66 Die Liebesinsel

Mein lieber Schwan!

In den 50er Jahren sorgte der Film »Die Fischerin vom Bodensee« für große Furore in der deutschen Kinoszene. Damals als »Heimatfilm« benannt, würden wir ihn heute als Herzkino in Reinformat bezeichnen. Eine Schlüsselszene in diesem Film spielt auf der kleinen »Liebesinsel« bei Radolfzell am Untersee. Dort treffen sich die beiden Hauptakteure, die arme Fischerin und der Sohn des reichen Fischhändlers, und verbringen miteinander eine zärtliche Nacht. Natürlich schließt der Film mit der Heirat der beiden. Entscheidend zum Erfolg trug auch die Musik bei. Das Lied von der »schönen Fischerin vom Bodensee« ertönte an allen Ecken und Enden Deutschlands und wurde einer der berühmtesten Schlager der 50er Jahre. Der Refrain »Ein weißer Schwan ziehet den Kahn mit der schönen Fischerin auf dem blauen See dahin« wurde geradezu zum Ohrwurm. Und für den damals in den Anfängen steckenden Bodenseetourismus war es die beste und gleichzeitig preiswerteste Werbung.

Die Liebesinsel hat bis heute ihren Namen behalten. Es wird dort auch jetzt noch ausgiebig geliebt, allerdings fast ausschließlich von Schwänen. Die haben die Herrschaft über das nur 2.620 Quadratmeter große, 97 Meter lange und maximal 42 Meter breite Arial errungen. Von einer Bootsfahrt zu dem 200 Meter vor der Mettnauhalbinsel liegenden Eiland ist dringend abzuraten, nicht nur aus allgemeinen Naturschutzgründen, sondern auch wegen der dort lebenden Schwäne. Die können sehr aggressiv werden, wenn man sich ihrem Brutgebiet nähert.

Manchmal tauchen die Schwäne auch an der Radolfzeller Strandpromenade auf, in der Hoffnung, etwas zum Fressen zu ergattern. Wenn man ihnen dann aus Tierliebe etwas gibt, werden sie sehr aufdringlich. Sie entreißen regelrecht den Spendern das dargebotene Fressen. Vor allem Kinder können dabei in Angst und Panik geraten.

Adresse vor der Halbinsel Mettnau, 78315 Radolfzell | Anfahrt B33, Ausfahrt Radolfzell, Richtung Innenstadt, beim 2. Kreisverkehr Richtung Mettnau | Tipp Vom Strandcafé Mettnau, das zum großen Teil über dem Wasser gebaut ist, hat man einen herrlichen Blick auf die Liebesinsel.

67 Das Scheffelschlösschen

Von Dichtkunst und Wahrheit

Victor von Scheffel war einer der schillerndsten Literaten des 19. Jahrhunderts. In seinen bekanntesten und erfolgreichsten Romanen »Ekkehard« und »Trompeter von Säckingen« traf er haargenau den Nerv seiner überwiegend weiblichen Leserschaft. Die Einnahmen aus diesen Werken ermöglichten ihm ein bequemes Leben und den Bau der Villa Seehalde auf der Halbinsel Mettnau, wo er bereits zuvor seine Sommerurlaube verbracht hatte. Als man ihn dann in den Adelsstand erhob, erweiterte er seine Villa und machte daraus ein Schlösschen.

Die Villa Seehalde wurde zum Pilgerort für junge Damen. Sie alle erhofften, wenigstens einen Blick von dem berühmten Schriftsteller zu erhaschen. Bei dieser Auswahl müsste Scheffel doch ein glückliches Liebesleben beschert gewesen sein. Doch dem war leider nicht so. Mit 18 verliebte er sich das erste Mal, war aber so schüchtern, dass die Angebetete von seiner Zuneigung nichts ahnte. Nach einigen Fehlschlägen heiratete er letztendlich 1864 Karoline Freiin von Malzen. Doch die Ehe verlief sehr unglücklich, schon bei der Geburt des Sohnes im Jahre 1867 lebten die beiden getrennt. Und dann geschah etwas Unvorstellbares: 1869 entführte Scheffel den zweijährigen Buben in München vom Spielplatz, um ihn allein aufzuziehen. Eigentlich galt seine ganz große Liebe seiner Kusine Emma Heim-Koch. Da sie aber zu dieser Zeit schon verlobt und einem anderen Mann versprochen war, wurde aus der Verbindung zunächst nichts. Doch das Schicksal wollte, dass dieser Mann bald starb. Und so zog sie nach Radolfzell und kümmerte sich um Scheffels Sohn. Als Scheffel wegen einer Hirnerkrankung pflegebedürftig wurde, war sie es, die sich bis zu dessen Tod liebevoll um ihn sorgte.

So ging Scheffels große Sehnsucht, der er im Trompeter von Säckingen ein heimliches Denkmal setzte, doch noch in Erfüllung. Liebe geht manchmal verschlungene Wege.

Adresse Halbinsel Mettnau, Strandbadstraße 106, 78315 Radolfzell | ÖPNV Bus Linie 5, Haltestelle Mettnau oder Strandbad | Tipp Im Scheffelschlösschen gibt es im Eingangsbereich eine kleine Ausstellung über Scheffel. Ansonsten ist dort die Kurverwaltung untergebracht. In unmittelbarer Nähe ist das Strandcafé mit traumhafter Lage über dem See.

68__Das Solarschiff

Die leiseste Art, den Bodensee zu genießen

Wenn Benno Störkle und sein Matrose Rudi Heinemann von der Mole ablegen, dann ist jedes Mal für ihre Passagiere Entspannung garantiert. Denn das Solarschiff gleitet fast lautlos in der Radolfzeller Bucht über das Wasser. Wenn die Wellen das Boot berühren, dann erzeugt das höchstens ein leises Plätschern, welches das Wohlgefühl noch verstärkt.

Das 20 Meter lange Schiff besitzt zwei Elektromotoren mit je 8 kW Leistung. Die Solarzellen haben einen Ertrag von 4,2 kW. Für die Leistungsversorgung stehen 24 Akkus mit je 900 Ah zur Verfügung. Bis zu 48 Fahrgäste kann dieses extrem umweltfreundliche Gefährt mitnehmen. Die Fahrgeschwindigkeit entspricht etwa der eines gemütlichen Radfahrers. Und ständig arbeitet der Kapitän und Eigentümer an der Optimierung seines »Kindes«, der Solarfähre, und verbessert die Technik und damit auch den Energieverbrauch.

Von besonderem Reiz jedoch sind die Themenfahrten. Da gibt es die Sonnenuntergangsfahrt, die dem Passagier ein großartiges Schauspiel bietet, wenn die untergehende Sonne sich im Wasser spiegelt. Romantische Livemusik begleitet das Schiff bei einer Hafenfahrt. Johanna Demmert und ihre Freunde spielen Musik, die das Herz berührt. Auch Kabarett steht auf dem Programm. Was leider nicht mehr stattfinden kann, ist die Felchenfahrt, denn Felchen dürfen aus Naturschutzgründen nicht mehr gefangen werden (siehe Ort 58).

Regelmäßig fahren auch Mitglieder des NABU mit. Durch das fast geräuschlose Gleiten des Bootes fühlen die Vögel sich nicht gestört und bleiben an ihrem Platz. Deswegen kann man hier dem Pirol, der Nachtigall, dem Grauspecht und dem Baumfalken begegnen. Alle vier Jahre führt der NABU auch eine Kartierung des Wildbestandes auf der Mettnau durch – natürlich mit dem Solarboot.

Ein weiteres Solarschiff bedient den Fährverkehr zwischen Radolfzell und Moos. Es startet an der Karl-Wolf-Straße.

Adresse Halbinsel Mettnau, Anlegestelle direkt vor dem Strandcafé Mettnau, Strandbadstraße 102, 78315 Radolfzell | ÖPNV Bus Linie 5 zum Strandbad und zur Rehaklinik | Tipp Wenn Sie überlegen, wo Sie Ihre Hochzeit feiern wollen: Das Solarschiff bietet auch diesen Service. Die Rundfahrt lässt sich im Sommer gut mit einem Besuch im Strandbad verbinden.

69 Das Max-Planck-Institut

Wo ein Hühnerstall zum Multimediahaus wurde

Schon die Anfahrt ist ungewöhnlich! Wer ein Max-Planck-Institut besuchen will, erwartet ein modernes Gebäude mit moderner Architektur. Das entsprechende Hauptgebäude des Max-Planck-Instituts für Verhaltensbiologie liegt am Obstberg in Radolfzell-Möggingen, eine Abteilung des Instituts ist aber auch in einem mustergültig renovierten landwirtschaftlichen Anwesen untergebracht. Dahinter führt an einem romantisch gelegenen kleinen See vorbei ein Weg zu einem mittelalterlichen Schloss. Hier begann die Geschichte der Vogelwarte Radolfzell, aus der das Max-Planck-Institut für Verhaltensbiologie erwuchs.

Zum ehemals landwirtschaftlichen Areal gehört auch ein kleines Häuschen, eine Informationstafel bezeichnet es als Maxcine Hennhouse, man könnte dies als »medialer Hühnerstall« übersetzen. Wer dort eintritt, steht plötzlich in einer Multivisionsschau mit 15 Computern, zehn Monitoren und fünf Projektoren. Selbst der Boden des Hauses ist gleichzeitig Projektionsfläche. Hier können die großen und kleinen Besucher aktuelle Forschungsprojekte der Tierbeobachtung in visueller Form erleben.

Das Hennhouse ist jedoch nicht die einzige Möglichkeit, sich in die Welt der Vögel, Fische, Affen und anderer Tiere zu begeben. Eine Bibliothek mit Büchern und Filmen und ein Werkraum sowie ein FlightCase bieten den Kindern die Möglichkeit, sich außerhalb des Schulgeschehens intensiv mit den Themen auseinanderzusetzen. Beim Zeichnen, Töpfern oder Holzarbeiten können die Heranwachsenden das neue Wissen kreativ umsetzen und der Phantasie freien Raum gewähren. Dort ist auch das Headquarter der Young Scientists, also das Hauptquartier der jungen Wissenschaftler untergebracht. Sie können an der wissenschaftlichen Arbeit des Max-Planck-Instituts für Verhaltensbiologie teilhaben und werden in ihre Projekte integriert. Die Beschäftigung mit der Natur kann tatsächlich extrem spannend sein!

Adresse Schlossallee 1, Radolfzell-Möggingen | Anfahrt vom Zentrum in Möggingen auf K6166 nach Richtung Tüfingen, nach 1 Kilometer in die Schlossallee abbiegen | Öffnungszeiten tagsüber, Anfragen für Führungen und Veranstaltungen an: infomaxcine@ab.mpg.de oder Tel. 07732/150164 | Tipp Auf dem Areal liegt auch die Bee Marie, die Bienenweide, in der Insekten und Vögel ein wahres Paradies an Nahrungsangeboten finden.

70_Der Mindelsee

Erholsam und artenreich

Der Hegau definiert sich hauptsächlich durch seine geologische Einmaligkeit, schon von Weitem sichtbar. Doch wenn man sozusagen das Vergrößerungsglas nimmt und ins Detail geht, eröffnet sich dem Beobachter ein wahres Universum an natürlicher Einmaligkeit.

Einerseits ist der Mindelsee ein Ort, an dem man sich in wenigen Minuten dem teilwiese überbordenden Bodenseetourismus entziehen kann. Rund um den etwa 115 Hektar großen See führt ein acht Kilometer langer, bequemer Wanderweg, der einem ständig neue Perspektiven auf das Gewässer ermöglicht. Selbst baden ist erlaubt, ein Badesteg mit Einstiegsleiter ermuntert zum Schwimmen.

Doch neben dem Erholungswert ist er sowohl für den begeisterten Naturfotografen als auch den professionellen Biologen eine wahre Schatztruhe. Denn der Mindelsee ist zu einem Eldorado für zahlreiche vom Aussterben bedrohte Tier- und Pflanzenarten geworden. Seine Entstehung ist dem Rückzug des Rheingletschers zu verdanken, der vor erst 15.000 Jahren unsere heutige Landschaftsstruktur ermöglichte. Hier entstanden auch die Niedermoore mit bis zu zehn Meter tiefen Torfschichten. Zudem sind die ausgedehnten Schilfzonen ein ideales Brutgebiet für alle Arten von Wasservögeln und ein Ruheplatz für Wandervögel auf ihrem Weg nach Süden.

700 verschiedene Pflanzenarten konnten Botaniker hier nachweisen. Allein 20 seltene Orchideen wie zum Beispiel das Traunsteiner Knabenkraut oder das Torfglanzkraut. Fast 600 Käferarten, über 400 verschiedene Schmetterlinge sowie etwa 40 unterschiedliche Libellen bevölkern den See und erweitern den Speiseplan der seltenen Neuntöter, Drosselrohrsänger, Mittelspechte und Schwarzkehlchen. Vielleicht begegnet man auch gelegentlich einem Wasserfrosch, einem Springfrosch oder einem Teichmolch, der gerne von der hier häufig vorkommenden Ringelnatter verspeist wird.

Adresse Mühlbachstraße 2, Radolfzell-Möggingen | Anfahrt von Radolfzell auf K6167 bis Ortsmitte Möggingen, man kann zu Fuß direkt von Möggingen zum See gelangen, Badesteg gleich am Anfang | Tipp Bei der Ortsmitte hat der NABU ein neues Informationszentrum über den Mindelsee eingerichtet, sogar mit einem kleinen Café. Dort beginnt auch der Rundweg um den Mindelsee.

71 Der seltsame Grenzort

Von Moskau nach Petersburg in fünf Minuten

Der Schweizer Ort Ramsen ist besonders Lastwagenfahrern als Zollstation bekannt. An dieser Stelle ragt Schweizer Territorium tief in den Hegau hinein. Das Besondere ist, dass man sich gleich nach Überschreiten der Grenze im Ramsener Ortsteil Moskau befindet. Wie dieser Name entstanden ist, weiß niemand so richtig. Am verbreitetsten ist die Vermutung, dass er aus der Zeit des Zweiten Koalitionskriegs um 1799 stammt. Damals hat eine Koalition aus Russen, Österreichern und Briten einen erbitterten Krieg gegen die napoleonischen Truppen geführt. Russische Soldaten sollen dabei in Ramsen Quartier gemacht haben. Gesichert ist das nicht. Dafür gab es dort ein Restaurant Moskau. Als im Jahre 1822 der stellvertretende Bürgermeister Peter Neidhart ein Gehöft baute, nannte man es scherzhaft Petersburg, bezugnehmend auf dessen Vornamen. Zwischenzeitlich hießen zwei Häuser im Ort sogar Warschau.

Die ungewöhnlichen Namen riefen auch die Politiker im »Dritten Reich« auf die Bühne. Sie vermuteten, dass von dem kleinen Ort antifaschistische Propaganda nach Deutschland ausging. Sogar ein bolschewikischer Angriff auf Deutschland wurde befürchtet. Das führte immer wieder zu diplomatischen Irritationen. Irgendwann änderten die Wirtsleute des Gasthauses Moskau dessen Namen in Gasthaus zum Hegau. Der Name für den Ortsteil blieb erhalten. Was die Zöllner beiderseits der Grenze in Wirklichkeit mehr beschäftige, war der Schmuggel. Die lange Grenze durch unübersichtliches Gebiet bot viele Möglichkeiten für einen illegalen Übertritt.

Heutzutage geht es sehr ruhig in Ramsen zu. Schmuggel zwischen den Ländern rentiert sich kaum noch, nicht einmal von auf Schweizer Banken geparktem Bargeld.

Geblieben aber sind die Teilortsnamen Moskau und Petersburg, zu lesen auf einem Ortsschild und an einer Bushaltestelle.

Adresse 8262 Ramsen | Anfahrt B34 nach Singen, von Singen auf L191 direkt nach Ramsen | Tipp Zwischen Etzwilen und Singen existiert eine stillgelegte Bahnstrecke, auf der zeitweise Dampfloks für Touristen fahren oder mit Muskelkraft zu bewegende Schienenvelos.

72 1.200 Jahre Gartenkunst

Von Walahfrid Strabo bis Karin Böhler

Dass Reichenau zurecht als Gemüseinsel bezeichnet wird, ist einerseits dem ausgeglichenen Klima, andererseits einer 1.200 Jahre alten Gartentradition zu verdanken. Denn schon in der Mitte des 9. Jahrhunderts dichtet der gelehrte und gärtnerisch begabte Abt Walahfrid Strabo ein 444 Verse umfassendes Epos über die Gartenkunst. Dabei beschreibt er hauptsächlich 24 Nutzpflanzen, ihr Aussehen, ihren Duft und Geschmack sowie ihre Verwendung in der Heilkunde. Auch die Mühen der Gartenarbeit verschweigt er nicht und philosophiert über das Werden und Vergehen der Natur im Jahresablauf.

Aber das Büchlein namens »Hortulus« ist nicht nur Sachbuch. Es ist gleichermaßen hoch poetisch und liebevoll geschrieben. Hier ein Textauszug: »Leuchtend blühet Salbei ganz vorn am Eingang des Gartens. Süß von Geruch, voll wirkender Kräfte und heilsam zu trinken. Manche Gebrechen der Menschen zu heilen, erwies sie sich nützlich. Ewig in grünender Jugend zu stehen hat sie sich verdient.«

Sein umfangreiches Buch ist das Ergebnis eigener Erfahrungen. Gerne griff er selbst zur Hacke und erfuhr am eigenen Leib, was Gartenarbeit bedeutet. Zierpflanzen erwähnt er übrigens nur zwei: die Lilie und die Rose. Die Rose ist laut ihm das Symbol für Reinheit und Unschuld, die Lilie für ewiges Leben und steht dabei für die Jungfräulichkeit Mariens.

Wechseln wir in die Gegenwart! Vermutlich ist es nicht nur die Symbolik, sondern die Schönheit der Rose, die Karin Böhler zur Gestaltung ihres traumhaften Rosengartens bewegte. Antike Statuen, Amphoren und ein mehrstöckiger Brunnen, dazu grün überdachte Sitzplätze schaffen ein mediterranes Flair in dieser einzigartigen privat gepflegten Gartenanlage. So kann man in nur wenigen Gehminuten 1.200 Jahre Gartengeschichte glaubwürdig erleben.

Ein wenig Geduld benötigt es allerdings noch, denn der Kräutergarten des Klosters wird anlässlich des Jubiläumsjahrs 2024 neu angelegt.

Adresse Klostergarten »Hortulus«, Münsterplatz 4 und Rosengarten Böhler, Im Hörnle 4, 78479 Reichenau | Anfahrt B33, kurz vor Konstanz auf den Damm zur Insel abbiegen, Parkplatz beim Yachthafen | Öffnungszeiten Klostergarten rund um die Uhr zugänglich | Tipp 2024 ist auch die Schatzkammer im Münster wieder für den Besucher geöffnet (April–Sept. Mo-Sa 10–12 und 15–17 Uhr).

73__Die Kirche St. Georg

Die Wandmalereien

Zu den wichtigsten »Erbstücken« Reichenauer Kunst gehören die Wandmalereien der Kirche St. Georg in Oberzell. Sie sind um das Jahr 1000 entstanden und gehören mit großer Wahrscheinlichkeit zu den ersten Gemälden dieser Art im süddeutschen Raum. Auch von den Dimensionen her gibt es nichts Vergleichbares aus dieser Zeit.

Thematisch zeigen die Kunstwerke Beispiele der Wunder Jesu. Am eindrücklichsten ist wohl die Szene von der Befreiung eines Besessenen, der von bösen Geistern geplagt war und sich nicht mehr kontrollieren konnte. Jesus trieb die Geister in eine Schweineherde, die sich dann den »Abhang hinabstürzten und in einem See ertranken«. Es sollen 2.000 Tiere gewesen sein.

Parallel zu den Wandmalereien gab es auf der Reichenau auch eine beispiellose Blüte der Buchmalerei. Es war sicher die gleiche Malschule, da sich sowohl viele inhaltliche als auch kompositorische Parallelen entdecken lassen. Die Bilder in der Kirche mussten im Laufe von über 1.000 Jahren einiges über sich ergehen lassen. Sie wurden in regelmäßigen Abständen in neuem Stil aufgefrischt, gänzlich neu übermalt, zeitweise war die ganze Kirche sogar ausgeweißelt.

Erst im 19. Jahrhundert entdeckte ein Pfarrer die uralten Malereien wieder. Seitdem bemühte man sich mit unterschiedlichem Geschick, die ursprünglichen Kunstwerke wieder ans Tageslicht zu bringen.

Es mag sein, dass der einzelne Tourist sich darüber ärgert, nicht jederzeit das Gotteshaus besichtigen zu können. Das liegt am Temperaturunterschied zwischen innen und außen. Gerade wenn im Frühjahr die feuchte, warme Außenluft auf die noch winterkalten Innenwände trifft, kühlt diese Luft schlagartig ab und gibt ihre Feuchtigkeit als Kondenswasser an die Wände ab, was den Gemälden sehr zu schaffen macht. Deshalb hat sicher jeder Besucher Verständnis, dass die Besuchszeiten beschränkt sind.

Adresse Seestraße, 78479 Reichenau | **Anfahrt** B33, kurz vor Konstanz auf den Damm zur Insel abbiegen, die Kirche befindet sich unübersehbar am Ortseingang, großer Parkplatz gegenüber | **Öffnungszeiten** Besuch nur mit angemeldeter Führung | **Tipp** Auf dem Parkplatz steht das St. Georg Museum, in dem die wichtigsten Gemälde großflächig reproduziert sind und so auch von der Nähe betrachtet werden können (geöffnet April–Okt. 10.30–16.30 Uhr, Nov.–März Sa, So 14–17 Uhr).

74 Das Museum Reichenau

Exkursion in die Anfänge der abendländischen Kultur

Vorneweg, Reichenau besitzt drei Museen zur Geschichte der zum Weltkulturerbe erklärten Insel. Das von der Dimension her größte Museum liegt im Zentrum, in der Nachbarschaft des Münsters St. Maria und Markus. Das alte Fachwerkhaus, in dem sich auch der Eingang befindet, ist der bürgerlichen Geschichte der Insel als Lebensraum gewidmet. Themen sind dabei Fischerei, Gemüseanbau, Brauchtum und Reichenauer Künstler. Für das Thema Klostergeschichte wurde daneben ein neues, äußerlich schlichtes Betongebäude errichtet, das über einen Hof zu erreichen ist. Hier wird mit modernen Präsentationsmethoden zum einen Teil nicht nur der Werdegang des Klosters über 1.300 Jahre präsentiert, sondern auch erklärt, warum die Reichenau Weltkulturerbe geworden ist. Es sind die heute noch erhaltenen Kunstwerke der Reichenauer Schreib- und Malschule. Über 300 Jahre waren deren Erzeugnisse von solch hoher Qualität, dass sie von Kaisern und Bischöfen begehrt waren. Hervorragende Faksimile in den Vitrinen zeigen Malereien, mit denen diese Bücher illustriert wurden.

Zwei besonders leuchtenden Persönlichkeiten aus der Geschichte des Klosters wird ein besonderer Platz eingeräumt. Da ist einerseits der Universalgelehrte Hermann der Lahme, der im 11. Jahrhundert lebte. Er war Astrologe, erfand unter anderem eine Taschensonnenuhr, die schon Minuten anzeigen konnte. Im musikalischen Bereich entwickelte er eine Notenschrift, damit alle Mönche die gleiche Melodie singen konnten. Und er komponierte das »Salve Regina«, das heute noch vermutlich bekannteste Marienlied.

Als zweite herausragende Person gilt Walahfrid Strabo, der etwa im Jahre 850 schon einen praktischen Leitfaden für den Gartenbau schrieb. Bis heute hat diese Broschüre ihre Gültigkeit.

Ein eigener Raum ist den Freiluftmalern aus dem 19. Jahrhundert gewidmet, welche die Reichenau in vielen Facetten darstellten.

Adresse Ergart 1 und 3, 78479 Reichenau | **Anfahrt** B33, auf die Reichenau abfahren, die Straße führt über einen Damm geradewegs auf den Platz mit dem Museum | **Öffnungszeiten** April–Okt. täglich 10.30–17.30 Uhr, Nov.–März Sa und So 14–17 Uhr | **Tipp** Aus Anlass der 1.300-Jahr-Feier im Jahre 2024 wurden das Museum Peter und Paul mit seinen kostbaren Kirchenschätzen und der Garten des Strabo neu gestaltet und erstrahlen in frischer Pracht.

75__Die Glasbläserei

Uralte Handwerkskunst – auch heute noch gefragt

»Haben Sie uns gefunden?«, lautet die Frage des freundlichen Herrn, der mir die Tür in der Schnaidholzstraße des Hegauortes Rielasingen öffnet. Die Frage ist nicht unberechtigt, denn in dieser Einfamilienhaussiedlung aus den 60er Jahren des vorigen Jahrhunderts würde niemand eine Glasbläserei vermuten. Nun ja, sehr groß ist die Werkstatt der Familie Greiner-Perth nicht. Der Familienbetrieb arbeitet auch nicht mit einem dieser typischen Brennöfen, die normalerweise in Glasbläsereien das Kernstück des Betriebes bilden.

Bei den Greiner-Perths begnügt man sich mit einem Brenner, der mit Gas und Sauerstoff befeuert wird. Damit lassen sich sogar wesentlich feingliederigere Werkstücke herstellen. Und gerade diese bilden das Hauptportfolio des anerkannten Meisterbetriebs. Während die Spezialität des etwa 60-jährigen Chefs Detlef Greiner seine Christbaumkugeln mit einem filigranen Innenleben sind, stellt seine über 80-jährige Mutter, selbst gelernte Glasbläserin, zum Beispiel kleine Tierfiguren wie bunte Vögelchen mit zierlichen Flügeln her.

Abnehmer für ihre Produkte finden die Rielasinger Glasbläser auf der ganzen Welt, bei Kennern der Glasbläserkunst sind sie hoch anerkannt und begehrt. Zusätzlich werden Kunsthandwerkermärkte in weitem Umkreis betreut, wo die Besucher den Glaskünstlern über die Schulter schauen können.

Was vermutlich fast niemand weiß, ist, dass die Firma Greiner-Perth zu den ältesten Betrieben dieser Art in Deutschland gehört. Seit 1597 gibt es die Firma Greiner, zuerst in der Thüringer Glasbläserstadt Lauscha, jetzt sind sie in Rielasingen beheimatet.

Leider hat sich nach so vielen Generationen keines der Kinder von Detlef Greiner-Perth entschließen können, den Betrieb weiterzuführen. Und so wird wohl irgendwann nach über 400 Jahren ein uralter Traditionsbetrieb seine Tore schließen.

Adresse Detlef Greiner-Perth, Schnaidholzstraße 10, 78239 Rielasingen-Worblingen | Anfahrt B34, von Singen auf die Singener Straße in Rielasingen, dort in die Waldstraße und dann in die Schnaidholzstraße abbiegen | Öffnungszeiten Informationen unter www.greiner-perth.de | Tipp Im Haus gibt es auch einen kleinen Laden, in dem man sicher vor allem für Weihnachten für seine Lieben ein passendes Geschenk findet.

76 Der Skulpturenweg

Kunstgewordene Völkerfreundschaft

Man kann getrost Singen am Hohentwiel als einen Hotspot der Zeitgenössischen Kunst im westlichen Bodenseeraum bezeichnen. Zwei weitbekannte Galerien und die Singener »Skulptour« sind ein Eldorado für Kunstliebhaber. Sozusagen das i-Tüpfelchen bildet da der Skulpturenweg in Rielasingen-Worblingen. Angeregt wurde er vom einheimischen Bildhauer Marcus Schwarz aus Anlass des 25-jährigen Partnerschaftsjubiläums mit der französischen Stadt Nogent-sur-Seine. Zehn Künstler aus Deutschland, Frankreich und Italien zeigen unter dem Motto »Grenzen und Verbindungen« hier ihr Können.

Besonders nah am Thema arbeitete der französische Bildhauer Louis Perrin. Eine filigrane Stahlarbeit mit dem Titel »Schmetterlingsbrücke« schuf er in nur einer Woche in Tag- und Nachtarbeit. Es zeigt, dass sich Grenzen nicht nur mit Hilfe stabiler Brücken, sondern auch im Flug überwinden lassen. Der gleiche Künstler fertigte die Plastik »Sortie de Prison«, also »Gefängnisausgang« oder auch »Freilassung. Aus Metallteilen und einem Gittertor der Strafanstalt Mulhouse gestaltete er mithilfe ehemaliger Insassen ein berührendes Werk. Es zeigt Menschen, die sich aus dem Gefängnis befreien, aus dem echten und dem gedanklichen.

Der Menschenkopf, der zur Hälfte von einer schwarzen Masse ummantelt ist, symbolisiert die Grenzen, die zuvörderst in unserem Kopf entstehen. Es ist immer wieder unsere Aufgabe, diesen Panzer zu sprengen. Als Tor zum Skulpturenweg dienen zwei Eisenplatten. Aus einer ist eine Feder ausgeschnitten, stellvertretend für den gallischen Hahn, und auf der anderen Seite ein Eichenblatt, Symbol für Deutschland. Mittendurch geht der Weg, der die beiden trennt und gleichzeitig vereint.

Abends sind Teile des Pfads beleuchtet, was noch mal die Kunstwerke im wahrsten Sinne in ein ganz anderes Licht setzt. Und immer wieder entstehen neue Kunstwerke als Ergänzung zum Vorhandenen.

Adresse Lessingstraße 2, 78239 Rielasingen-Worblingen | Anfahrt B34, von Singen nach Rielasingen, der Pfad beginnt an der Aachinsel | Tipp Über dem Eingang des Hotels Krone zieren ansprechende bürgerliche Wandmalereien die Fassade, abgeschlossen nach oben mit einer Kirchturmuhr.

77 Abt Anselm II. Schwab

Ein Topmanager im Prälatengewand

Das Kloster Salem gehörte zu den reichsten seiner Art im süddeutschen Raum. Gleich eine Reihe von geschickt regierenden, vom Konvent gewählten Äbten schuf ein Imperium mit Niederlassungen bis nach Ulm. Dabei hatten sie keine Möglichkeit, ihre Ziele militärisch durchzusetzen, allein hohes diplomatisches Geschick ließ den Reichtum der Klöster entstehen.

Den Höhepunkt seiner Macht erreichte das Kloster Salem erst im 18. Jahrhundert unter Abt Anselm II. Schwab. Dieser wird als achtes von elf Kindern 1713 in Füssen geboren. Nach dem Theologiestudium erhält er im Kloster Salem die Priesterweihe. Kurz danach wird er Novizenmeister und führt »nebenher« erfolgreich Verhandlungen für zwei Salemer Äbte. 1746 wählt das Salemer Kapitel den 33-Jährigen zum Abt. Sein erstes und bedeutendstes Projekt war die Fertigstellung des bereits begonnenen Baus der Wallfahrtskirche Birnau. Nach nur vierjähriger Bauzeit war die heute noch bedeutendste und berühmteste Barockkirche am Bodensee fertig. Einfach unvorstellbar, wenn man bedenkt, dass es damals nicht die Möglichkeiten der heutigen Technik gab.

Sein starker Wille zur Durchsetzung von Reformen stieß allerdings auch auf heftigen Widerstand. Nur Machtworte aus Wien und dem Vatikan konnten seine Absetzung verhindern. Nach außen zeigte er seine Stellung, indem er stets in einer sechsspännigen Kutsche fuhr. Pferdestärken waren wohl für Männer schon immer wichtig.

Gerne ließ er sich von neuen Kunststilen begeistern. Auf einer Frankreichreise entdeckte er den klassizistischen Stil und verwirklichte diesen in seinem erst kurz vorher im Rokokostil ausgestatteten Münster. Im Schlepptau brachte er auch die Burgunderrebe zur Freude der Klosterbrüder mit.

Anselm gründete die erste Sparkasse in Deutschland, um Waisenkinder vor Armut zu bewahren. Er starb 1778 im Alter von 65 Jahren.

Adresse Kloster und Schloss Salem, 88682 Salem | Anfahrt B31, auf Höhe Uhldingen auf L201 über Mühlhofen nach Schloss Salem | Öffnungszeiten Ende März–Okt. Mo–Sa 9.30–18 Uhr, So 10.30–18 Uhr, weitere Informationen auf www.salem.de | Tipp Es gibt täglich Führungen durch Kloster und Schloss. Absolutes Highlight ist der Kaisersaal, in dem der Abt wie ein reicher König residierte.

78 Der Affenberg

Arterhaltung mit unterhaltsamer Wissenserweiterung

Kennen Sie einen Zoo, in dem man sich selbst im Gehege bewegen kann? Wohl kaum. Nur auf dem Affenberg darf man den rund 60 Hektar großen Lebensraum von 200 Berberaffen betreten. Nun ja, hier kann man auch nicht von einem Zoo sprechen, sondern von einem Wildgehege, in dem eine vom Aussterben bedrohte Tierart ein neues Zuhause gefunden hat. In ihrer ursprünglichen Heimat Marokko und Tunesien finden diese Tiere immer weniger Lebensraum, da dieser zu Viehweiden umgewandelt wird. Auf den Weideflächen und an den Wasserstellen sind sie nicht mehr sicher, da vor allem die Jungtiere von den Hütehunden vertrieben werden. Das noch größere Problem ist der Handel mit Affenbabys. Die werden zu Höchstpreisen an Privatpersonen verkauft, die meinen, sie würden ihnen etwas Gutes tun. Die süßen kleinen Affen werden dadurch schwer traumatisiert, weil sie ohne ihre Spielkameraden und Familie auskommen müssen. Immer wieder werden Tiere vom Affenberg in ihrer Heimat ausgewildert, um dort die Wildpopulation zu stärken.

Das zweite »Standbein« auf dem Mendlishauser Hof ist die Storchenstation. Nachdem im Jahre 1978 in Baden-Württemberg nur noch 15 Storchenpaare brüteten, war dieser wunderschöne stolze Vogel akut vom Aussterben bedroht. Die Storchenstation hat sich seitdem erfolgreich um die Wiederansiedlung der Tiere bemüht. Mittlerweile gibt es in Baden-Württemberg wieder 1.500 Brutpaare. Die Storchenstation kümmert sich auch um die Renaturierung von Wiesen, Nistplattformen und deren Reinigung, um verletzte und verwaiste Tiere, Entschärfung von Strommasten, Beringung der Jungtiere, Zufütterung, Lobbyarbeit und ist zudem Datingportal für einsame Jungstörche.

Der Besuch des Affenbergs ist also doppelt lohnend. Mit dem Eintritt bekommen Kinder und Erwachsene nicht nur ein nachhaltiges Natur- und Freizeiterlebnis, sondern tragen auch zur Erhaltung gefährdeter Tierarten bei.

Adresse Mendlishauser Hof, 88682 Salem | Anfahrt B31, Ausfahrt Uhldingen, auf K7765 zwischen Oberuhldingen und Salem-Tüfingen | Öffnungszeiten Nov.–Mitte März Winterpause, 16. März–26. April täglich 10–17 Uhr, 27. April–24. Juli täglich 10–17.30 Uhr, 25. Juli–8. Sep. täglich 10–18 Uhr, 9. Sept.–3. Nov. täglich 10–17 Uhr | Tipp Der Affenberg besitzt auch ein Damwildgehege mit Fütterungstermin genauso wie bei den Affen und Störchen. Im Hof gibt es eine gute Gastwirtschaft mit Selbstbedienung sowie einen tollen Spielplatz.

79 Das Feuchtmayer Museum

Wo und wie ein großer Barockkünstler arbeitete

Josef Anton Feuchtmayer zählte zu den ganz Großen seiner Zunft im Übergang von Barock zu Rokoko. In den 74 Jahren seines Lebens entstanden zwischen Ulm und Bern unvorstellbar viele Kunstwerke. Sie sind die Ernte eines einzigen Menschen, der nicht nur ein genialer Bildhauer und Maler war, sondern auch extrem fleißig und geschäftstüchtig. Er verstand es, Dutzende von Handwerkern für sein Werk zu begeistern, die im Vergleich zu heute unvorstellbare Arbeitszeiten erbrachten.

Von seinen Werken wie zum Beispiel der Kirche in Birnau beeindruckt zu sein, ist das eine. Aber zu erfahren, mit welchen Mitteln und Werkzeugen ein solches Bauwerk entstand, ruft noch mal eine ganz besondere Bewunderung für den Erbauer hervor.

Dazu bietet das Feuchtmayer Museum in Mimmenhausen die ideale Gelegenheit. Der Rundgang beginnt mit den Zeichnungen, mit denen er sich für einen Auftrag beworben hat. Das sind schon große Kunstwerke für sich. Wie detailliert er seinem Auftraggeber die Kosten errechnete, darüber wäre heute so mancher Bauherr froh. An einem Tisch können wir die Entstehung einer Stuckfigur vom Drahtgesell bis zur fertigen Statue verfolgen. In einer Vitrine erleben wir, wie aus einem Holzklotz ein vergoldetes Puttenköpfchen wird. In einer Ecke ist zu sehen, wie die vielen vermeintlichen Marmorsäulen in den Kirchen mit Hilfe von Holz, Stuckmarmor und Farbe so echt nachgebildet wurden, dass selbst der Fachmann verblüfft ist. Erstaunlich ist auch die Herstellung der vielen langen Stuckprofile mit Hilfe von Schablonen, die den Kirchenkunstwerken einen Rahmen geben.

Selbstverständlich gibt es auch vollendete Kunstwerke in Vitrinen zu entdecken. An einer digitalen Schautafel kann man unter anderem alle Orte seines Wirkens verfolgen und mit Hilfe von Fotos kennenlernen.

Am Ende des Museumsbesuchs ist man sich sicher: Josef Anton Feuchtmayer war ein Genie.

Adresse Tüfinger Straße 10, 88682 Salem-Mimmenhausen | Anfahrt B31, Uhldingen-Mühlhofen, L201 Richtung Salem, in Mimmenhausen auf Bodenseestraße, dann links in Feuchtmayer Straße und Tüfinger Straße | Öffnungszeiten Karfreitag–3. Okt. Sa und So 11–17 Uhr | Tipp Feuchtmayers Kunst in ihrer ausgeprägtesten Form ist in der Wallfahrtskirche Birnau zu entdecken. Sie gehört zu den kostbarsten Kunstkleinodien am Bodensee.

80_Das Napoleonschloss

Kaiserlicher Glanz am Bodensee

Nach der verlorenen Schlacht von Waterloo wurde nicht nur Kaiser Napoleon selbst, sondern auch seine ganze Verwandtschaft aus Frankreich verbannt. Auch Hortense, Stieftochter und zeitweise Schwägerin des Kaisers, musste bei ihrer Schwester, der Erzherzogin von Baden, Unterschlupf suchen, und zwar in Konstanz. Von dort aus erwarb sie schon 1817 das Schloss Arenenberg im Kanton Thurgau. In der Schweiz konnte sie sich einigermaßen sicher fühlen. Ihr Sohn Louis Napoleon, später Kaiser Napoleon III., verbrachte seine Jugendjahre hier und in Augsburg und erfuhr eine umfangreiche Erziehung. Aus dem lernwilligen Knaben wurde ein sehr lebenslustiger junger Mann. Seine Nähe zum Volk sowie sein Engagement im schweizerischen Militär verliehen ihm großes Ansehen. Die Schweizer dankten es ihm, indem sie ihn zum Ehrenbürger machten. In dieser Zeit verwandelte Hortense Schlösschen und Park mit Hilfe der bekanntesten Architekten ihrer Zeit in ein wahres Kleinod. Selbst künstlerisch sehr begabt, zog sie die großen Intellektuellen ihrer Zeit magisch an.

Ihren Sohn jedoch drängte es in die Politik. Er wollte das napoleonische Kaiserreich wiedererstehen lassen. Nach zwei misslungenen Putschversuchen wurde er zu lebenslanger Festungshaft verurteilt. Allerdings konnte er von dort nach England entfliehen und nach der Februarrevolution von 1848 wieder in die Politik einstiegen. Dieses Mal schaffte er es sogar, zum Präsidenten gewählt zu werden. 1852 proklamierte er sich selbst zum Kaiser und sein Land zum Zweiten Kaiserreich. Immerhin blieb er 20 Jahre an der Macht, wurde aber nach der Niederlage gegen Deutschland abgesetzt und starb kurze Zeit später.

Seine Frau Eugénie war immer noch im Besitz von Arenenberg, besuchte es auch gelegentlich, bis sie es dem Kanton Thurgau 1906 schenkte. So kam der Kanton zu einer der bedeutendsten Touristenattraktionen am Bodensee.

Adresse Arenenberg 1, 8268 Salenstein | **Anfahrt** B13 zwischen Steckborn und Kreuzlingen, beim Bahnhof Mannenbach-Salenstein in die Arenenbergstraße einbiegen und bis zum Schloss weiterfahren | **Öffnungszeiten** April–Sept. täglich 10–17 Uhr, Okt.–März Di–So 10–17 Uhr | **Tipp** Nicht nur das Schloss mit seiner Einrichtung im Empire-Stil ist sehenswert, sondern auch der Park ist eine historische Kostbarkeit.

81 Das Munotglöggli

Von Hand geläutet und oft besungen

»Auf des Munots altem Turme / schau hinaus ich in die Nacht, / über Dächer, über Giebel, / einsam halte ich die Wacht.« So lautet die erste Strophe des Liedes vom Munotglöckchen, das vom Turm der Festung Munot in Schaffhausen herab jeden Abend um 21 erschallt. Bedient wird die Glocke von der Munotwächterin, die eine jahrhundertealte Tradition bewahrt. Es ist die letzte Glocke der Schweiz, möglicherweise in ganz Europa, die täglich noch von Hand geläutet wird.

In früheren Zeiten ertönte die Glocke eine Viertelstunde lang, um die Schließung der Stadttore und der Schenken anzukündigen. Wenn die Glocke außerhalb dieser Zeit besonders heftig schlug, wussten die Bewohner, dass es brannte oder ein feindliches Heer sich auf die Stadt zubewegte.

Um das Munotglöckli rankt sich eine rührende Sage: Als der Festungsbesitzer von einem Kreuzzug nach langer Abwesenheit zurückkehrte, strauchelte sein Pferd kurz vor der Ankunft, er stürzte in einen reißenden Bach und ertrank darin. Seine treue Ehefrau stiftete zur Erinnerung eine Glocke, welche jeden Abend um neun Uhr, seiner Sterbestunde, zu läuten war. Der über lange Zeit tatsächlich etwas wehmütige Klang des Geläuts veranlasste einen Herrn Buomberger 1911, ein sehr romantisches Gedicht über diese Legende zu verfassen. Mit einer gefühlvollen Melodie versehen, wurde es zu einem der beliebtesten und meist gesungenen Lieder in der Nordschweiz.

Der Munot ist ein Wahrzeichen Schaffhausens. Es ist eine der wenigen Festungen am Hochrhein, die noch heute komplett erhalten und besuchbar sind. Allerdings wurde er im Jahre 1799 bei einer Belagerung schwer beschädigt, einige Jahre später jedoch wieder aufgebaut. Heute dient die Festung als städtischer Veranstaltungsort und Kulturzentrum, in dem in den Sommermonaten zahlreiche Bälle sowie Kinderfeste stattfinden. Den Abschluss bildet immer ein großes Feuerwerk.

Adresse Munotstieg 17, 8200 Schaffhausen | Anfahrt Parken in einem der Parkhäuser in der Innenstadt, Achtung: ab einem bestimmten Punkt ist in Schaffhausen Vignettenpflicht | Tipp Eigentlich braucht man die Hauptattraktion, den Wasserfall, nicht zu erwähnen. Aber auch die traumhaft schöne Altstadt sollte man unbedingt besichtigen.

82__Das Museum zu Allerheiligen

280.000 Objekte, alles in einem Kloster

Wenn ein Kloster so groß war, dass heute darin Platz für eines der größten Museen der Schweiz ist, dann kann man sich vorstellen, welche Bedeutung es für die Region besaß. Als Schaffhausen für seine riesigen Kunst- und Naturaliensammlungen eine adäquate Bleibe suchte, drängte sich das verlassene Kloster regelrecht an, wobei die Umwidmung für den Architekten durchaus eine Herausforderung war.

Das reichhaltige Archiv erlaubt Sonderausstellungen zu Themen, die weitgehend unbekannt sind, aber gerade deswegen einen besonderen Reiz ausüben. So wurde es möglich, die Moche 2023 und 2024 zum Thema zu machen. Während die Kunst der Inka mittlerweile eine bekannte Größe ist, weiß kaum jemand etwas über die Moche, welche die Vorgänger der Inka waren und schon 1.000 Jahre vor ihnen eine erstaunlich hochentwickelte Kultur besaßen.

Die Dauerausstellungsräumlichkeiten sind in drei Kernbereiche gegliedert. Der erste beschäftigt sich mit den Höhlenmenschen. Die Funde stammen großteils aus dem Fundort »Keßlerloch« in der Nähe von Schaffhausen. Bemerkenswert ist dabei der Fund eines Haushundeskeletts. Der nächste Schwerpunkt gilt den frühen Hochkulturen. Der Sammler Dr. Marcel Ebnöther hat Hunderte von Exponaten aus aller Welt und aus allen Zeiträumen zusammengetragen. Aufgrund der Größe seiner Sammlung hat nur ein repräsentativer Querschnitt im Ausstellungsbereich Platz gefunden. Der dritte Bereich stellt die einheimische Natur zur Schau. Besonders die Tierpräparate des Naturschützers Stemmler faszinieren die Besucher immer wieder.

Die Kunstsammlung mit Tausenden von Gemälden, Grafiken und Skulpturen im Archiv ermöglicht in großen, hellen Räumen beeindruckende Ausstellungen zu vergangener und gegenwärtiger Kunst. Diese fanden und finden auch immer wieder im Tandem mit dem Kunstmuseum Singen statt.

Adresse Klosterstraße 16, 8200 Schaffhausen | **Anfahrt** Parken in einem der Parkhäuser in der Innenstadt, Achtung: ab einem bestimmten Punkt in der Stadt gilt Vignettenpflicht | **Öffnungszeiten** Di–So 11–17 Uhr | **Tipp** Der Weg vom Bahnhof zum Museum führt durch die malerische Innenstadt. Fast jedes Haus möchte wegen seiner Schönheit bewundert werden.

83 Das Archäologische Hegau-Museum

Kindergeburtstag mit Kuchen und Geschichte

Wenn man die Räume des Hegau-Museums im Obergeschoss des Singener Schlosses betritt, hört man sofort, hier sind Kinder am Werk. Nein, kein Gebrüll oder Chaos, sondern Kinder, die sich angeregt mit einer Mitarbeiterin unterhalten. In einem Raum sind sie im Stuhlkreis versammelt und kommen buchstäblich hautnah mit Geschichte in Berührung. Auf einem Ständer hängt Kleidung in Kindergröße aus verschiedenen Epochen, in welche die kleinen Besucher auch hineinschlüpfen dürfen. Schlagartig fühlen sie sich in eine andere Zeit versetzt. Besonders wenn sie sich das zehn Kilo schwere Kettenhemd überstreifen und merken, was so eine Ritterrüstung für ein Ballast war.

Die Themenangebote umfassen acht verschiedene Zeitabschnitte, von der Altsteinzeit bis zu den Alamannen, und jedes Mal wird ein typischer Gegenstand hergestellt, den die Kinder dann sogar als Souvenir mit nach Hause nehmen. So arbeiten sie bei der Altsteinzeit an einem Tierknochen, aus dem sie ein Amulett fertigen. Mit Feuerstein ritzen die Kleinen in Schieferplatten. Wie in der Jungsteinzeit werden Schnüre gezwirnt. Selbst Gusstechniken aus flüssigem Metall werden ausprobiert und zu Armbändern verarbeitet. Besonders reizvoll ist das Herstellen eines tragbaren Würfelspiels, wie es römische Soldaten mit sich trugen. Beim Thema Alamannen werden farbige Perlen aus Modelliermasse geformt, daraus entstehen ähnlich schöne Halsketten wie sie schon vor 1.500 Jahre von den Damen getragen wurden.

Sehr beliebt ist es, im Museum einen Kindergeburtstag zu feiern. Die einladende Familie bringt den Kuchen mit, die anderen Kinder die Geschenke. So wird der Kindergeburtstag zu einem eindrücklichen Erlebnis und für die Eltern noch zu einem recht entspannten Nachmittag. Natürlich ist ein Einzelbesuch ebenfalls lohnend. Auch hier kümmern sich Mitarbeiter, wenn möglich, liebevoll um kleine und große Besucher.

Adresse Am Schlossgarten 2, 78224 Singen | **ÖPNV** 15 Gehminuten vom Bahnhof entfernt | **Anfahrt** B34, in der Stadtmitte unübersehbar neben Rathaus und Stadthalle | **Öffnungszeiten** Di–Sa 14–18 Uhr, So 14–17 Uhr | **Tipp** Neben dem Museum schließt sich gleich der schön gestaltete Schlossgarten an.

84_Das Café Hanser

Historisch im doppelten Sinn

Ganz verloren, fast trotzig steht es da, das kleine Haus mit dem Café in der Fußgängerzone, eingeklemmt zwischen Verkaufspalästen. Doch dadurch erhält es erst seinen besonderen Charme.

Nach dem Betreten ist der Gast noch überraschter. Dieses Café ist ja total altmodisch eingerichtet! Aber Modernisierung ist hier nicht erwünscht, denn die Art-déco-Ausstattung aus dem Jahr 1934 steht unter strengem Denkmalschutz. Die Erhaltung des ganz besonderen Ambientes ist auch besonderes Anliegen des Pächters. Selbst allerkleinste Details lässt er nicht unbeachtet.

Aus einem ganz anderen Anlass erfuhr das Café eine besondere, traurige Berühmtheit. Am Morgen des 3. Mai 1977 sollen zwei junge Polizisten nach dem Hinweis einer älteren Dame die Ausweise eines jungen Pärchens überprüfen. Beide erklären, die Papiere befänden sich in ihrem unweit geparkten Wagen. Als auf dem Weg zum vermeintlichen Auto einer der Polzisten einen Verdacht schöpft und nach der Pistole greift, schießt die Frau ihm sofort die Waffe aus der Hand und hält noch einmal drauf, als er am Boden liegt. Fast im selben Moment eröffnet der Mann das Feuer auf den anderen Polizisten. Neun Schüsse gibt er ab, sechs Schüsse treffen und verletzen den Beamten lebensgefährlich. Die Täter flüchten zuerst zu Fuß, zwingen dann einen Autofahrer unter vorgehaltener Pistole auszusteigen und rasen mit dem Auto davon.

Es kommt zu einer wilden Verfolgungsjagd durch Singen, die erst an einer Straßensperre endet. Zu Fuß setzen die beiden die Flucht weiter fort, schießen immer wieder nach hinten. Durch gezielte Schüsse der Beamten können sie schließlich schwerverletzt festgenommen werden.

Die Polizei stellt schnell fest, dass es sich bei den Schützen um die gesuchten RAF-Terroristen Verena Becker und Günter Sonnenberg handelt. Glücklicherweise überleben alle Verletzten die Schießerei.

Adresse August-Ruf-Straße 4, 78244 Singen | **ÖPNV** wenige Gehminuten vom Bahn- und Busbahnhof entfernt | **Anfahrt** B34 führt direkt in die Innenstadt, eins der Parkhäuser benützen, das Café liegt mitten im Zentrum | **Öffnungszeiten** Mo–Fr 9–18 Uhr | **Tipp** Der Konditor im »Hanser« ist bekannt für seine leckeren Kuchen und Torten.

85 Die Festung Hohentwiel

Nie erobert und doch zerstört

Im Jahre 1800 sprengten französische Truppen die damals stärkste Festung Deutschlands, nachdem die Besatzung freiwillig das Feld geräumt hatte. Was war geschehen? Der Hohentwiel hatte längst seine Blütezeit hinter sich und war nur noch von wenigen, meist über 50-jährigen Menschen bewohnt. Die Anlage hatte ihre strategische Bedeutung verloren. Das war gut 150 Jahre zuvor anders.

Während im nördlichen Europa der Dreißigjährige Krieg unvorstellbares Leid über die Menschen brachte und keine Stadt und keine Burg mehr den verwilderten Truppen Paroli bieten konnte, hielt die Festung Hohentwiel allen Belagerungen stand. Fünfmal versuchten verschiedene Heere mit Tausenden von Soldaten, dieses Bollwerk zu erobern – erfolglos.

Zu verdanken war dies vor allem dem Kommandanten Konrad Widerholt. Er war ein mit allen Wassern gewaschener Kriegsherr, der mit seiner Besatzung ein großes Gebiet um die Festung herum in Angst und Schrecken versetzte. Er brannte alle Burgen in der Gegend nieder, um Feinden keine Rückzugsmöglichkeit zu bieten. 90 Orte in weitem Umkreis zwang er, Kontributionen zu leisten, um seine Leute auf der Festung zu versorgen. Diese Abgaben zog er auf brutalste Art und Weise ein. Sein absolutes Husarenstück war die Eroberung Überlingens. Was die Schweden mit einem großen Heer nicht erreichten, schaffte er mit gemeiner List. Zu seinen Beutestücken gehörte auch eine Kirchenorgel, die der überzeugte Protestant in die Festungskirche einbaute. Frömmigkeit und Nächstenliebe gegenüber seinen Untertanen auf der Festung waren ihm wichtig. In den Messen las er das Evangelium und hielt sogar gelegentlich die Predigt. Regelmäßig besuchte er die Kranken und tröstete sie.

Nach dem Dreißigjährigen Krieg wurde Widerholt in den Adelsstand erhoben und erhielt ein Rittergut, von dem er, zusammen mit seinem Geld aus den Eroberungszügen, gut leben konnte.

Adresse Hohentwiel 2, 78224 Singen | Anfahrt B34 aus Richtung Gottmadingen, in Singen zwischen Klinik und Bahnübergang von der Schaffhauser Straße in die Hohentwielstraße einbiegen, sie führt direkt zum Parkplatz der Festung | Tipp Gutes Schuhwerk und gute Kondition wird sehr empfohlen, da der Weg vom Parkplatz zur Festung sehr steil ist und auf der Festung bei Regen die Pflastersteine glatt werden.

86 Der Hohenkrähen

Des Hegaus spannendster Spielplatz

Was benötigen Kinder und Jugendliche, wenn sie mit mehreren anderen Kindern den Hohenkrähen optimal erleben möchten? 1. Sie sollten ein Kinderbuch mit vielen Bildern über Ritter und Burgen gelesen haben, 2. sollten sie gutes Schuhwerk tragen und 3. eine Menge Phantasie besitzen. Mehr nicht. Und dann kann das Eroberungsspiel schon beginnen:

Am obersten Punkt behält der Turmwächter die Gegend im Auge. Und da sieht er, wie eine Menge bewaffneter Männer sich schleichend der Burg nähern. Er schlägt Alarm, und sofort kommt die ganze Besatzung zusammen. Der Chef, ein Ritter, erteilt klare Anweisungen. Jeder muss einen Brustpanzer anziehen, er selbst schlüpft in seine Ritterrüstung und steigt auf sein Ross. Jetzt holen sie die Armbrüste, Schwerter und Kanonen aus den unteren Geschossen und bringen sie in Stellung. Selbstverständlich werden die Kanonen gleich geladen. Und schon greifen die Feinde an. Sie stellen Leitern an die Mauern, schießen mit schweren Geschossen auf die Burg. Es vergeht eine Weile, bis das Zeichen zum Gegenangriff gegeben wird. Jetzt endlich kommt es, und die Besatzung schießt aus allen Rohren auf die Gegner. Die erschrecken ob der Wucht des Gegenangriffs und bekommen es mit der Angst zu tun. In wilder Flucht rennen sie davon. Mal wieder wurde die Burg erfolgreich verteidigt. So oder ähnlich könnte es heute auf der Ruine zugehen, alles ohne Utensilien, einfach so nur so getan als ob.

Die tatsächliche Geschichte der Burg verlief anders. Die Anlage wurde immer wieder angegriffen, häufig wechselte sie die Besitzer, zeitenweise wohnten hier gar Raubritter. 1632 wurde sie von Konrad Widerholt, dem Kommandanten des Hohentwiel, endgültig zerstört. Trotzdem gilt der Hohenkrähen immer noch als die markanteste Burgruine des Hegaus.

Die Pfadfinderschaft »Grauer Reiter« ist heute Pächter und kümmert sich um das Anwesen. Das passt!

Adresse Duchtlinger Straße, 78224 Singen | Anfahrt A81, Ausfahrt Singen, L191 Richtung Mühlhausen, am Südende von Mühlhausen gibt es direkt neben einem Kreisverkehr den Wanderparkplatz Hohenkrähen, von dort aus kommt man am schnellsten zur Ruine | Tipp Zwischen Hohenkrähen und Hohentwiel gibt es einen sehr schönen Wanderweg.

87__Das Kunstmuseum

Vergangenheit bewahren, Gegenwart erleben

Kunstmuseen haben gerne eine besondere Architektur, die sich von anderen Gebäuden abhebt. Nicht so das Kunstmuseum Singen. Es reiht sich fast unauffällig in die Ladenfassade der Ekkehardstraße ein. Nur ein Banner über der Straße weist darauf hin. Umso mehr ist der Besucher nach dem Betreten überrascht. Es erwarten ihn auf einer Fläche von 1.000 Quadratmetern hohe, helle Räume, die auch die Möglichkeit bieten, großdimensionierte Kunstwerke zur Geltung zu bringen, ein Traum für jeden Galerieleiter.

Diese Chance weiß der rührige Musemschef Christoph Bauer sehr zu nutzen, um ansprechende Ausstellungen zusammenzustellen. Dabei entdeckt er junge Künstlerinnen und Künstler aus dem Bodenseeraum und präsentiert ihre Werke verständlich und geschickt einem sehr heterogenen Publikum. Zeitgleich zeigt er Exponate von Hörikünstlern aus dem Archiv des Museums. In der dortigen Sammlung findet man eine sehr umfangreiche Auswahl von Bildern der letzten hundert Jahre. Dies ist auch dem Umstand zu verdanken, dass viele berühmte Künstler wie Otto Dix, Erich Heckel oder Helmuth Macke während des Nationalsozialismus Zuflucht auf der Höri gefunden haben. Ihre Kunst wurde damals als entartet bezeichnet. Deswegen wurden über 16.000 Kunstwerke, quasi das Werk einer ganzen Stilepoche, beschlagnahmt, vernichtet oder ins Ausland verkauft. Die hier deponierten Kunstwerke kamen als Reisegepäck in die Gegend oder entstanden vor Ort.

Sehr gerne gestaltet das Kunstmuseum Singen auch Ausstellungen im Tandem mit anderen Galerien, wie zum Beispiel mit Kloster Allerheiligen in Schaffhausen. Dadurch eröffnet sich für beide Galerien ein großes Spektrum an Möglichkeiten.

Um die ausgestellte Kunst den Menschen näherzubringen und schmackhaft zu machen, gibt es begleitende Führungen und Workshops. Besonders am Herzen liegt dem Museum der Kontakt zu den Schulen. Denn dort sind die Besucher von morgen.

Adresse Ekkehardstraße 10, 78224 Singen | ÖPNV 10 Gehminuten vom Bahnhof entfernt | Anfahrt A81, Ausfahrt Singen, direkt in die Innenstadt, Parkmöglichkeit: Parkhaus unter der Stadthalle | Öffnungszeiten Di–Fr 14–18 Uhr, Sa und So 11–17 Uhr | Tipp Im Rathaussaal befindet sich ein riesiges Gemälde von Otto Dix. Es wurde nach dem Krieg gemalt und gehört zu seinen größten Spätwerken.

88__Das MAC

Wo große Kunst und schöne Autos sich begegnen

Singen, die von der Einwohnerzahl her größte Stadt des Hegaus, tut sich schwer, bezüglich der Schönheit mit anderen Städten und Ortschaften der Umgebung in den Wettstreit zu treten. Während Radolfzell oder Engen und selbst kleinste Städtchen im Hegau einen mittelalterlichen Ortskern haben, muss sich der aus einem Dorf entstandene Industriestandort auch in der Innenstadt großteils mit Nachkriegsarchitektur zufriedengeben. Mit einem ebenbürtigen Pendent konnte Singen lange Zeit nicht kontern – bis das Unternehmerehepaar Hermann Maier und Gabriela Unbehaun-Maier die Idee eines überregionalen Kunst- und Oldtimermuseums einbrachten.

Nachdem die Stadt das Grundstück zur Verfügung stellte und das Ehepaar Maier die Baukosten übernahm, entstand direkt am Fuße des Hohentwiel ein Museum, das Singen zu einer bedeutenden Kunststadt werden ließ. Schon die Architektur der beiden Gebäude ist ein Hingucker. Während das MAC 1 an die Struktur der Hohentwielschen Festungsmauern erinnert und dem Komplex eine Art Geborgenheit verleiht, widerspiegeln sich die Felsen des Vulkane mit ihrer Mächtigkeit im MAC 2. Hier werden auf vier Stockwerken Kunst und Automobile im »Dialog« präsentiert, während im fünften Geschoss die Skylounge zu stimmungsvollen Veranstaltungen einlädt. Verbunden sind die Stockwerke über einen durchgehenden Lichtdom, der auch »Lichtspielen« ihren Raum gewährt.

Garant für die Professionalität der regelmäßig wechselnden Ausstellungen ist die »Süddeutsche Kunststiftung« mit ihrem Fundus von über 3.000 Werken von Otto Dix bis Andy Warhol und gleichzeitig dem Besitz einer höchstwertigen Sammlung von Oldtimern, die durch Leihgaben anderer Besitzer ergänzt wurde.

Zu denken gibt, dass bei all dem Glanz der sündhaft teuren Automobile möglicherweise dem Besucher mit normalem Einkommen bewusst wird, dass es Menschen mit unterschiedlichem Besitztum gibt.

Adresse MAC Museum Art & Cars, Parkstraße 1–5, 78224 Singen | **ÖPNV** Bahnhaltestelle der Landesgartenschau direkt nebenan | **Anfahrt** direkt an der B34 aus Richtung Gottmadingen kommend, gegenüber ist ein großer, kostenloser Parkplatz | **Öffnungszeiten** Mi–Sa 14–18 Uhr, So 11–18 Uhr | **Tipp** Im MAC 1 gibt es im Erdgeschoss ein Feinschmeckerrestaurant, in dem zu sehr zivilen Preisen hochwertige Kost angeboten wird.

89__Das Maggi-Werk

Nahrhaft und sozial

1882 wies der schweizerische Arzt Fridolin Schuler auf die katastrophale Ernährungssituation der Fabrikarbeiter hin. Die arbeitenden Frauen hätten nicht genug Zeit, warme Mahlzeiten zu kochen, und konnten nur kalte Speisen anbieten. Auch in den Kantinen wurden zwar billige, aber nicht ausreichend nahrhafte Mahlzeiten offeriert. Die Folge waren Unterernährung, Magenkrankheiten und hohe Kindersterblichkeit. Schuler empfahl als Grundnahrung eiweißreiche Hülsenfrüchte, die schnell zubereitet und billig wären. Das bewog den Müller Julius Maggi, so lange zu experimentieren, bis er ein entsprechendes Produkt entwickelt hatte. Am Anfang verlief der Absatz seiner verschiedenen Mehle eher schleppend. Sein Durchbruch gelang, als er auf einer Kochkunstausstellung für seine Produkte ein Diplom erster Klasse erhielt. Jetzt expandierte die Firma rasant, und schon 1887 entstanden Niederlassungen und Warenlager im Ausland, unter anderem in Singen am Hohentwiel. Die Erfindung des Brühwürfels im Jahre 1907 verschaffte Maggi nochmal einen weiteren Verkaufserfolg. Im Jahre 1912 verkaufte die Firma in Frankreich monatlich schon 6 Millionen Stück.

Auch im Umgang mit den Mitarbeitern war die Firma ihrer Zeit weit voraus. Maggi führte damals ungewöhnliche, umfangreiche Sozialleistungen wie Witwen- und Altersrente, Arbeiterwohnungen, Betriebskrankenkasse sowie 1906 den freien Samstag ein. Nach einem Streik im Werk Singen im Jahre 1907 regte Julius Maggi die Gründung einer frühen Form des Betriebsrats an, in Folge dessen es 1912 zum Abschluss des ersten Tarifvertrags in der deutschen Ernährungsindustrie kam.

Auch heute noch füllen die Produkte der zum Nestle-Konzern gehörenden Firma mindestens ein Regal in jedem Supermarkt. Und in fast keiner Küche fehlt das Fläschchen mit der Maggiwürze, deren Zusammensetzung bis heute ein bestens gehütetes Geheimnis ist.

Adresse Julius-Bührer-Straße 8, 78224 **Singen** | ÖPNV direkt am Singener Hauptbahnhof | Anfahrt A81, Ausfahrt Singen, direkt weiter bis in die Innenstadt, die Maggiwerbung auf dem Dach des Hauptgebäudes ist unübersehbar | Öffnungszeiten des Betriebs, Anmeldung bei Frau Maria Jörke, Tel. 07731/319901). | Tipp Auf dem Werksgelände steht ein kleines Museum, das Gütterli-Hüsli, welches die Anfänge der Firma in liebevoller Weise präsentiert (Besichtigung nur in Gruppen während der Öffnungszeiten des Betriebs, Anmeldung bei Frau Maria Jörke, Tel. 07731/319901).

90 Der Poppelebrunnen

Als ein Burgherr zum Geist wurde

Schriftlich nachgewiesen ist die Existenz des Johann Christoph Popolius Maier, Vogt auf der Burg Hohenkrähen nahe Singen, nicht. Aber es existiert ein signiertes Ölbild von 1430, das ihn wohl abgebildet hat. Er soll ein sehr magerer Kerl gewesen sein, der als Raubritter und Bauernschinder viel Böses tat. Einmal war ein ziemlich beleibter Klosterabt bei ihm zu Gast. Als dieser sich über den klapperdürren Hausherrn lustig machte, wurde er kurzerhand in den Kerker geworfen. Dort musste er so lange fasten, bis er so mager war wie der Burgherr. Der Priester verfluchte den Burgvogt mit den Worten: »Wenn du gestorben bist, musst du als Geist 280 Jahre hier in dem Keller hausen und rastlos den Hegau durchwandern, um als Kobold die Menschen zu necken.« Die 280 Jahre sind schon längst vergangen, doch Poppele, so nennt man ihn als Geist, treibt hier immer noch seinen Schabernack. Und da sind etliche Beispiele überliefert.

Am bekanntesten ist die auf dem Brunnen dargestellte Geschichte. Sie berichtet, dass der Poppele sich in einen Baumstumpf verwandelte. Als eine Eierfrau sich daraufsetzte, bewegte sich der Baumstumpf plötzlich, und die Eier fielen auf den Boden. Doch, oh Wunder, kein einziges Ei ging dabei kaputt. Eine zweite Geschichte erzählt von einem Bauern, der bei der Rückfahrt von einem Saumarkt auf seinem Wägelchen einschlief, weil er etwas zu tief ins Glas geschaut hatte. Als er aufwachte, war sein Pferd verschwunden. Es war von allein nach Hause gelaufen. So musste er selbst das Wägelchen nach Hause ziehen. Dabei hörte er immerzu eine schelmische Stimme, die lachend rief: »Hü, Schimmel, hü.« Es war niemand anders als der Poppele, der das Pferd losgebunden hatte.

So gibt es noch etliche Anekdoten über den Schabernack treibenden Poppele. Die Singener mögen ihn, denn er ist ein hilfreicher Geist. Jedes Missgeschick, das ihnen zustößt, können sie dem Poppele in die Schuhe schieben.

Adresse Poppelebrunnen beim Hohgarten (gegenüber Rathaus), 78224 Singen | ÖPNV 5 Gehminuten vom Bahnhof entfernt | Anfahrt A81, Ausfahrt Singen, direkt in die Innenstadt, Parkhaus unter der Stadthalle | Tipp Die Poppelezunft ist während der Fasnet sehr präsent. Als Einzelfigur präsentiert sich der Poppele auf einem alten Gemälde abgebildet.

91 Die Scheffelbrücke

Teuerste Brücke der Welt

1.520.940.901.926.024 Mark kostete die Scheffelbrücke. Diese Zahl muss man erst mal lesen können. Darum steht der Betrag auch an der Brücke: 1 Billiarde 520 Billionen 940 Milliarden 901 Millionen 926 Tausend und 24 Mark.

Warum wurde das Bauwerk so teuer? Es entstand während der Inflation im Jahre 1923. Der Kostenvoranschlag war bestimmt ein Tausendstel, vielleicht ein Millionstel so hoch wie der Endpreis. Vermutlich wurde das Geld in einer Schubkarre geliefert. Und was konnte der Bauunternehmer mit diesem Geld kaufen? Wahrscheinlich reichte der Betrag zwei Tage später nicht einmal mehr für einen Laib Brot.

Was war geschehen? Um die Kosten für den Weltkrieg und die Reparationskosten nach der Niederlage aufzubringen, fand der eigentlich schon zahlungsunfähige deutsche Staat nur noch den Weg über das Drucken von immer mehr Geldscheinen. Dadurch wurden zwar die Schulden quasi aus der Portokasse bezahlt, aber das Geld verlor zusehends, ja, in Windeseile an Wert. Die Ersparnisse des kleinen Mannes waren wertlos, mit dem Monatslohn konnte der einfache Arbeiter nichts mehr kaufen. Wenn er sein Gehalt in Empfang nahm, war es nur noch die Hälfte wert, wenn er zu Hause ankam. Die Folge war eine starke Unterernährung in großen Teilen der einfachen Bevölkerung. Die junge Demokratie stand am Abgrund. Eine Währungsreform rettete die Situation, die Rentenmark, später Reichsmark, war wieder ein verlässliches Zahlungsmittel. Doch das Inflationstrauma blieb im Gedächtnis und erleichterte Hitler den Weg zur Diktatur.

Wenn wir heute an der Scheffelbrücke die gigantische Zahl lesen, ist es ein Anlass, an die Situation von damals zu denken und inflationäre Tendenzen von heute nicht auf die leichte Schulter zu nehmen. So kann eine einfache Brücke durch den Hinweis auf die Baukosten zu einem geschichtsträchtigen Mahnmal werden.

Adresse Schaffhauser Straße, Übergang über die Aach in der Nähe des Bahnübergangs und schräg gegenüber des MAC | ÖPNV Schienenhaltepunkt Landesgartenschau direkt neben der Brücke | Anfahrt B34 aus Richtung Gottmadingen Richtung Singener Innenstadt, Schaffhauser Straße, hinter dem Bahnübergang befindet sich ein riesiger, kostenloser Autoparkplatz | Tipp Direkt bei der Brücke ist ein Zugang zum Stadtpark, der aus der Landesgartenschau entstanden und wunderschön angelegt ist. Dort kann man fast immer eine Kunstausstellung im Freien entdecken.

92 Die SkulpTour

Goldene Äpfelwerfer und meditative Bauarbeiter

Wer den Singener Stadtpark von der Scheffelbrücke aus betritt, dem fallen spontan auf dem Rasen herumliegende metallene Äpfel mit leichtem Goldglanz ins Auge. Dazu liegt ein Korb bereit, in dem sich schon einige dieser Kugeln befinden. Wer sich dann umschaut, woher die Kugeln kommen, entdeckt in den umliegenden Bäumen drei Faune. Diese Mischwesen aus der römischen Sagenwelt sind gerade dabei, weitere goldene Äpfel auf die Wiese zu werfen. Handelt es sich um die Äpfel der Hesperiden, die den Göttern Schönheit und Jugend verleihen? Die Installation ist ein Werk des Ehepaars Kabakov.

In der Fußgängerzone der Innenstadt stehen gleich zwei Großplastiken. Die eine erhebt sich aus einem großen Brunnen, ein Kunstwerk aus Edelstahl, kühn geformt und silbrig glänzend, geschaffen von Erich Hauser aus Rottweil. Die Figuren auf dem »Paradiesbaum« sind dagegen sehr konkret. Peter Lenk will mit seinem Werk auf die Missstände in der Gesellschaft und der Politik hinweisen.

Zum öffentlichen Raum gehören auch öffentliche Gebäude. 1960 beauftragte die Stadt den in Singen wohnenden Otto Dix, den Rathaussaal und das Trauzimmer zu gestalten. Mit seinen Wandgemälden »Krieg und Frieden« und »Adam und Eva« ist Singen im Besitz der wertvollsten Werke des berühmten Expressionisten. Auch Kurt Georg Beckers farbenfrohe Arbeiten kann man im Bürgersaal der Stadt und in der Markuskirche bewundern. Im Grunde genommen begegnet man in Singen auf Schritt und Tritt, sowohl in der Innenstadt als auch im Stadtpark, Moderner Kunst. Vieles ist im Rahmen der Landesgartenschau entstanden.

Lustig, aber erst auf den zweiten Blick auffällig sind der aus Beton gegossene Porsche und die Verkehrsschilder von Guido Nussbaum. Auf die Verkehrszeichen sind Bauarbeiter in verschiedenen Posen gemalt. Einer ahmt sogar die Pose von Auguste Rodins Skulptur »Der Denker« nach.

Adresse Innenstadt und Stadtpark, 78224 Singen | ÖPNV gegenüber dem Bahnhof beginnt sofort die Fußgängerzone, Stadtpark 10 Gehminuten entfernt | Anfahrt A81, Ausfahrt Singen, die Verlängerung der Abfahrt führt direkt in die Innenstadt | Tipp Neben den Kunstwerken lädt die Innenstadt natürlich auch zu einem ausgiebigen Einkaufsbummel ein.

93__Die Gartenmanufaktur

Die hohe Kunst des Gärtnerns

Manfred Siegwarth ist nicht nur Gärtner, sondern ein Gartengestalter mit Leib und Seele. Er schafft Gärten, die alle Sinne ansprechen wollen: sehen, riechen, schmecken, hören und fühlen. Sie sind dazu da, den Stress des Alltags hinter sich zu lassen. Mit welchen Mitteln Siegwarth das erreicht, verrät er uns gerne. Da sind die Wege, welche dem Gelände Struktur verleihen, die Blicke öffnen. Torbögen unterstützen dieses Gefühl und vermitteln, dass wir jetzt den einen Bereich verlassen und in einen neuen eintreten. Sie sind natürliche Bilderrahmen.

So unterschiedlich die Vorstellungen sind, die der Kunde hat, so unterschiedlich sind die Themen, die in dem 5.000 Quadratmeter großen Garten vorgestellt werden. Da ist der mediterrane Garten mit einem mehrstöckigen Springbrunnen, Amphoren und antiken Statuen. Dazu passen Olivenbäume, Zitruspflanzen und verschiedenste Rosen. Ein anderer träumt von einem eigenen japanischen Garten. Wer den Platz hat, baut sich darin sogar einen kleinen Tempel, in dem er ganz ungestört meditieren kann. Doch auch mit weniger Aufwand kann man eine Oase der Stille schaffen. Kies- und Sandflächen mit geschwungenen Linien symbolisieren Bäche und Seen. Dazu passt roter japanischer Ahorn. Spiegel dienen dazu, den Garten räumlich zu vergrößern.

Ein großer Bereich ist der Gestaltung der Sitzplätze gewidmet, dem Ort, an dem man zusammenkommt. Dort soll man sich wohlfühlen. Wichtig ist auch hier das grüne Ambiente. Selbst der Schmuck auf dem Gartentisch ist für den Chef von besonderer Bedeutung. Deswegen stehen auf fast allen Außentischen traumhaft schöne Blumengebinde. Sie sind für ihn das Tüpfelchen auf dem i seiner liebevoll gepflegten Anlage.

Wenn Manfred Siegwarth über seinen Garten spricht, gerät er regelrecht ins Philosophieren: »Man muss die Seele dessen spüren, der in dem Garten lebt«, meint er schmunzelnd. Wie recht er doch hat!

Adresse Siegwarth Gartenmanufaktur, Fabrikstraße 29, 78224 Singen-Bohlingen | ÖPNV Bus 402, Haltestelle unmittelbar neben der Gartenmanufaktur | Anfahrt B34 nach Singen, von dort Rielasinger Straße und L222 nach Bohlingen | Öffnungszeiten Mo–Fr 8–12 und 14–18 Uhr, Sa 8–12 Uhr, in den Wintermonaten geschlossen | Tipp Auf dem Gartengelände gibt es in einem Gewächshaus ein urgemütliches Café.

94 Das Kloster St. Georgen

Postkartenmotiv mit religiöser Geschichte

Der vermutlich beliebteste Ort für ein Foto von Stein am Rhein ist der Blick von der anderen Seite des Flusses auf die mittelalterlichen Gebäude direkt am Ufer. Dass diese historischen Gemäuer die Südseite eines alten Klosters sind, ist vermutlich den wenigsten Besuchern bewusst.

Die Geschichte des Klosters beginnt eigentlich auf dem Hohentwiel, wo um das Jahr 970 von Herzog Burkhard von Schwaben und seiner Frau Hadwig eine Benediktinerabtei gegründet wurde. Sie war dem heiligen Georg gewidmet und verfügte über eine Hofschule. 1007 wurde der Konvent auf Befehl des Kaisers in das neu erbaute Kloster Stein am Rhein umgesiedelt, um die dort gelegene Straßen- und Wasserkreuzung zu sichern.

Die Anzahl der Mönche blieb immer sehr klein, trotzdem waren die Räume sehr großzügig und weitläufig. Es gab mehrere Umbauten, die sich dem jeweils modernen Baustil anpassten. Die wertvollsten und schönsten Ausstattungen aus dem Zeitalter der Renaissance wurden um das Jahr 1500 geschaffen, kurz vor der Aufhebung des Klosters. Grund für die Auflösung war die Reformation in der Schweiz unter dem Reformator Zwingli, der eine Auflösung aller Klöster erzwang. Die Gebäude wurden jetzt Wohn- und Regierungssitz des Amtmanns. Etliche Besitzerwechsel folgten, zwischenzeitlich war hier sogar eine Fabrik untergebracht, bis das Areal 1945 in den Besitz der Eidgenossenschaft kam und zum Museum umgewidmet wurde.

Wer dem Touristentrubel entfliehen will und das Kloster besucht, spürt, dass das Gebäude mit seinem Kreuzgang, seinem Refektorium und seinem Garten immer noch den Geist der Vergangenheit atmet.

Das Kloster fand auch Einzug in die Literatur. Nach dem Bestsellerroman »Ekkehard« von Victor von Scheffel soll die Gründerin Hadwig ein Auge auf ihren Lateinlehrer, Mönch Ekkehard geworfen haben. Er ist spannend geschrieben, historisch aber sehr frei interpretiert.

Adresse Fischmarkt 3, 8260 Stein am Rhein | Anfahrt A81, Ausfahrt Radolfzell, weiter auf L192 von Radolfzell nach Stein am Rhein | Öffnungszeiten Ende März–Ende Okt. Di–So 11–18 Uhr | Tipp Im Klostergarten ist eine kleine Gaststätte mit Biertischen, freundlicher Bedienung und zivilen Preisen. Wer dem Trubel entkommen will, ist hier richtig.

95__Die Krippenwelt

Das größte Museum seiner Art in der Schweiz

Es bedarf schon einer besonderen Leidenschaft und Zähigkeit, gepaart mit großer Kunstkenntnis und auch Geschäftstüchtigkeit, um solch ein Museum aufzubauen und zu betreiben. Alfred Hartl hat es geschafft, in einem der ältesten noch erhaltenen Häuser der Stadt, erbaut 1302, ein Museum nur für Weihnachtskrippen einzurichten. 600 Krippen aus knapp hundert Ländern sind dort zu sehen. Eine unvorstellbare Vielfalt an Darstellungen der Geburt Christi erwartet den Besucher auf zwei Stockwerken fast das ganze Jahr hindurch. Und jede Krippe hat ihre eigene berührende Geschichte. Angefangen bei Alfred Hartls eigener, in der sein Großvater die Figuren im Konzentrationslager aus Brotteig formte.

Es geht weiter mit der Krippe aus Mali, die aus Insektizid-Dosen hergestellt wurde, einer Krippe aus den Anden, in der Maria ihren Josef zärtlich küsst. Erschütternd die Darstellung von Maria, die mit abgehackten Händen über dem Kind kniet, weil sie ein uneheliches Kind zur Welt brachte. Dann das Boot mit den angeketteten Sklaven, zwischen denen das Kind liegt. Beeindruckend ist auch das Weihnachtsgeschehen im Stahlhelm eines in Stalingrad gefallenen Soldaten, welches dessen Mutter extra anfertigen ließ. Man könnte fast endlos so weitermachen.

Besonderes Augenmerk ist dem Krippenkünstler Roberto Cippollone gewidmet. Dieser findet sein Material auf Schrottplätzen, rostige Spaten, Hacken und Ähnliches, und schweißt daraus sehr ausdrucksvolle moderne Motive, die eindeutig auf das Geburtsgeschehen hinweisen. Der geistige Background: Jesus ist in völliger Armut geboren, deswegen soll auch der materielle Wert von Cippollones Kunst sehr gering sein, im Gegensatz zum Anlass, welcher der Christenheit heilig ist.

Nach so viel Eindrücken ist der Besucher dankbar für einen Tee, Kaffee oder eine Erfrischung, welche ihm im sehr gemütlichen Museumscafé angeboten wird.

Adresse Oberstadt 5, 8260 Stein am Rhein | Anfahrt B33, Ausfahrt Radolfzell, weiter auf L192 von Radolfzell nach Stein am Rhein, Parken auf Parkplatz Große Schanz direkt vor dem Stadttor | Öffnungszeiten Mi–So 10–17 Uhr, Dez.–Mitte Jan. täglich | Tipp Das museumseigene Café und Restaurant bietet zu erschwinglichen Preisen auch komplette Menus für Reisegesellschaften an. Im Museumsshop gibt es ein reichhaltiges Angebot an weihnachtsbezogenen Mitbringseln.

96 Das Museum Lindwurm

Authentisches Leben in einer Kleinstadt

Der Name des Museums in der Innenstadt hört sich etwas seltsam an, hat aber eine plausible Erklärung: Als um etwa 1300 dieses Gebäude errichtet wurde, gab es noch keine Straßennamen, sondern jedes Haus erhielt eine eigene Bezeichnung. In diesem Fall: Lindwurm, ein alter Name für Drachen, jeder Bewohner des Kleinstädtchens wusste, was gemeint war. Bis zur Mitte des 19. Jahrhunderts ist wenig bekannt über das Anwesen, lediglich dass 1712 ein Hinterhaus mit Stall und Wirtschaftsgebäude angehängt wurde. 1819 erhielt das Haus eine klassizistische Fassade, die bis heute Bestand hat.

Um 1850 kam es in den Besitz der wohlhabenden Familiendynastie Grehm-Windler und wurde schließlich in eine Stiftung eingebracht, nachdem es auf sorgfältigste Weise konserviert worden war. Dank des Gesamtzustandes des Gebäudes und der zur Verfügung stehenden Geldmittel konnte ein Museum eingerichtet werden. Die Ausstattung zeigt das bürgerliche Leben in Stein um das Jahr 1850, zu welchem auch ein kleiner landwirtschaftlicher Betrieb gehörte.

Im Vorderhaus lernt man den Lebensstil einer Bürgerfamilie kennen, die durchaus ihren Wohlstand auch in der Wohnungsausstattung präsentierte. Hautnah kann man die damalige Zeit erleben, man hat das Gefühl, die Bewohner hätten erst vor fünf Minuten das Haus verlassen. Der Salon war das Repräsentationszimmer, hier wurden Gäste empfangen. Im Alltag wurde er fast nie benutzt. Für Kinder war dieser Raum absolutes Tabu.

Im Gegensatz dazu waren im Hinterhaus neben Ställen, Vorratsräumen und Abtritt auch die Zimmer des Gesindes. Man erschrickt geradezu, wie erbärmlich die Knechte und Mägde untergebracht waren. Dass es ein großes Gefälle zwischen Arm und Reich nicht nur beim Adel gab, erfährt der Besucher hier auf Schritt und Tritt. Deswegen birgt das Museum nicht nur Möbel und mehr, sondern ist auch ein guter Lernort für Sozialgeschichte.

Adresse Unterstadt 18, 8260 Stein am Rhein | Anfahrt B33, Ausfahrt Radolfzell, weiter auf L192 von Radolfzell nach Stein am Rhein, vor dem großen Stadttor sehr großer Parkplatz mit für Schweizer Verhältnisse günstigen Parkgebühren | Öffnungszeiten März–Okt. Di–So 10–17 Uhr | Tipp Allein die bemalten Fassaden der alten Häuser in der Innenstadt sind einen Besuch wert. Zum Einkehren findet man hier genügend Möglichkeiten.

97 Der Weiße Adler

Ein Decamerone an der Hausfassade

Frivole Literatur ist nicht erst seit einigen Jahrzehnten für jedermann zugänglich. Nein, das »Decamerone« von Boccaccio, eine Sammlung von oft anzüglichen Kurzgeschichten, die sich in der Nähe von Florenz zugertragen haben sollen, verbreitete sich wie ein Lauffeuer über ganz Europa. So gelangte es auch nach Stein am Rhein, wo Szenen daraus an der Hausfassade des »Weißen Adler« ihren Niederschlag fanden.

In der untersten Reihe steht links die Wollust als nackte Frau mit Bocksbeinen, während rechts ein Landsknecht mit einer Dirne unterwegs ist. In der zweiten Reihe ist ein heimliches Liebespaar an den Schandpfahl gebunden. In der Mitte muss die Kaiserin ihrem Mann die Treue beweisen, indem sie ihre Hand in das Maul eines Löwen streckt – wenn dieser nicht zubeißt, ist sie unschuldig. Der Beweis wird konterkariert, indem der Hofnarr dabei die Kaiserin intim berührt. Viele weitere Darstellungen, auch mit wenig bekleideten Frauen, erzählen Geschichten, von denen man bei einer Stadtführung mehr erfährt.

Der Weiße Adler ist mit seinen 800 Jahren das älteste erhaltene Haus in der Innenstadt. Es hat nicht nur eine reich bebilderte Fassade, sondern ein interessantes Innenleben - ein Kunstdenkmal ersten Ranges. Durch den Rückbau vieler neuerer Gebäudeteile erinnert es jetzt auch in den Innenräumen wieder an die mittelalterliche Lebensweise. Besonders der Versammlungssaal aus dem 11. Jahrhundert besticht durch eine beeindruckende Archaik. Zu verdanken ist der Erhalt diese Hauses der Kleeblattzunft, einem Zusammenschluss von 50 Steiner Bürgern, die das Haus durch großes Engagement wieder in altem Glanz erstrahlen ließen.

Der Weiße Adler ist zwar das älteste Gebäude mit Fassadenmalerei in der Stadt, aber nicht das einzige. Es gibt sogar eine ganze Reihe alter Häuser mit Fassadenmalerei. Sie bilden ein riesiges Bilderbuch, das bei näherem Hinsehen spannende Geschichten erzählt.

Adresse Oberstadt 1, 8260 Stein am Rhein | Anfahrt B33, Ausfahrt Radolfzell, weiter auf L192 von Radolfzell nach Stein am Rhein | Tipp Von Stein am Rhein starten sowohl rheinauf- als auch rheinabwärts die auffallend flach gebauten Ausflugsschiffe. So eine Fahrt ist immer ein besonderes Erlebnis.

98 Hans Kuony

Vom Ursprung des Stockacher Narrengerichts

»Ein Narr kann mehr fragen, als sieben Weise beantworten können.« Das ist eine alte Weisheit, die sehr genau zur bedeutendsten historischen Figur der Stockacher Fasnet passt.

Kuony war Hofnarr bei Herzog Leopold von Habsburg, Herr über eine Reihe von Ländereien. Dieser wollte mit Waffengewalt gegen schweizerische Aufrührer vorgehen. Leopold bat seinen Hofnarren Kuony von Stocken um Rat bezüglich der Kriegstaktik. Man muss dazu wissen, dass der Hofnarr beim Adelsstand eine besondere Rolle spielte. Er war nicht nur Spaßmacher und Unterhalter, sondern genoss auch bei seinem Herrn eine Menge Narrenfreiheit. Er durfte Dinge sagen, die sich sonst niemand erlauben konnte. Kuonys Antwort war vielsagend und lautete, der Herzog solle sich nicht nur überlegen, wie er in das Land hineinkommt, sondern auch, wie er wieder herauskommt. Leopold missachtete diesen Rat und erlitt eine furchtbare Niederlage. Als Dank für seinen Tipp hat Kuony trotzdem das Recht erhalten, jährlich für einen kurzen Zeitraum eine Gerichtsverhandlung in seiner Heimatstadt abzuhalten. Das wurde ihm sogar schriftlich bestätigt. Er brachte die Urkunde nach Stockach zurück, wo sie in einer Brunnensäule aufbewahrt wurde. Daher ist seit 1661 die Gerichtsverhandlung fester Bestandteil und Höhepunkt der Stockacher Fasnet.

Die Veranstaltung, die auch jedes Jahr im Fernsehen übertragen wird, hat einen genau vorgeschriebenen Ablauf. Dazu werden Größen der Landes- und Bundespolitik, wie zum Beispiel Franz Josef Strauß, Joschka Fischer oder Frank-Walter Steinmeier als Angeklagte eingeladen. Vor dem »Hohen, grobgünstigen Narrengericht« liest der Kläger seine Anklageschrift vor, der Fürsprech entgegnet mit einer Verteidigungsrede, und der Angeklagte versucht, sich mit einer Brandrede vor 1.200 Besuchern aus der Affäre zu ziehen. Zur Strafe müssen meist mehrere Eimer Wein als Buße geliefert werden.

Adresse Kuonydenkmal, Hauptstraße, 78333 Stockach, nahe beim Eiscafé Venezia | ÖPNV 10 Gehminuten vom zentralen Bahnhof entfernt | Anfahrt A98, Ausfahrt Stockach-Ost oder -West, direkt in die Innenstadt | Tipp Das Stadtmuseum Altes Forstamt hat der Stockacher Fasnet ein ganzes Stockwerk gewidmet.

99 Die Heidenhöhlen

Rätselhaft von hinten bis vorne

Wer den schmalen Weg zu den frei liegenden Gebirgsformationen in einem Wald bei Stockach entlanggeht, gelangt zu einem überaus mysteriösen Platz. Da kann es tatsächlich passieren, dass man Zähne findet, die keinem Mensch und keinem Waldtier gehört haben können. Wenn man sie einem Experten zeigt, erfährt man, dass es sich hier um Haifischzähne handelt. Aber wie um alles in der Welt kommen Haifische an diesen Ort? Der nächste Ozean ist der als »Schwäbisches Meer« bezeichnete Bodensee, und dort haben nie Haifische gelebt. Also wie kommt denn nun so ein Zahn tatsächlich hierher? Da muss man 20 Millionen Jahre zurückgehen. Damals war unsere Gegend von einem Meer mit sehr warmem, fischreichem Wasser überdeckt, ein Paradies für Haifische. Und Haifische verlieren beim Zubeißen oft ihre Zähne. Das macht ihnen aber nichts aus, denn die wachsen in Windeseile wieder nach.

Im Laufe von Millionen Jahren zog sich das Meer zurück, hinterließ aber eine Sedimentschicht von teilweise bis zu mehreren hundert Metern. Man nennte diese Schicht Molasse, eine relativ weiche, leicht zu bearbeitende Gesteinsart.

Meist ist die Molasse, wenigstens bei uns, unterirdisch. Doch an einigen Stellen tritt sie als Felsformation wie bei den Heidenhöhlen zu Tage. Die weiche Konsistenz machten sich ärmere Menschen in früherer Zeit zunutze und gruben Höhlen, ausgestattet mit Fenstern und Türen. Vermutlich hielt sich die Wohnqualität sehr in Grenzen, doch immerhin hatte man ein Dach über dem Kopf. Es sind in der Stockacher Chronik Namen von Familien genannt, die dort oben wohnten. Sie kamen auf der Suche nach einer Behausung von auswärts. Vermutlich nahmen sie am Gemeindeleben nicht teil, gingen auch nicht in die Kirche. Darum galten diese Menschen als Heiden. Es gibt auch noch andere Erklärungen für den Namen »Heidenhöhlen«, letztlich ist der Begriff bis heute ein Rätsel.

Adresse 78333 Stockach | Anfahrt B313, Stockach-Messkirch, bei der Berlingersiedlung links abbiegen und hinauf zum Parkplatz fahren, dort beginnt ein Rundweg zu den Heidenhöhlen (3 Kilometer lang) | Tipp Da die Heidenhöhlen nur über einen Wanderweg erreichbar sind, der teilweise eine gewisse Trittsicherheit erfordert, ist geeignetes Schuhwerk unbedingt nötig.

100_Die Kürbisse

Ganz im Trend und in großer Sortenvielfalt

Vor einiger Zeit tauschten Hobbyköche und ambitionierte Hausfrauen eifrig Rezepte für die richtige Zubereitung eines saftigen Rindersteaks aus. Heutzutage ist vegetarische und vegane Küche en vogue. Auf Kulinarik braucht man deshalb noch lange nicht verzichten. Jetzt wird zum Teil mit großem Eifer diskutiert, wie am besten eine Kürbissuppe zubereitet wird. Und da gibt es fast so viele Möglichkeiten, wie es Kürbissorten gibt.

Und diese werden von den hiesigen Verkaufsstellen regionaler Produkte regelrecht zelebriert. Der Hegau bietet nun mal vom Klima und der Bodenbeschaffenheit her beste Bedingungen. Und wenn man all die angebotenen Kürbissorten sieht, kommt man fast nicht mehr aus dem Staunen heraus. Solch eine Vielfalt an Größe, Farbe und Geschmack, da kann man nur sich wundern. Hier ein paar Beispiele: Der Hokkaidokürbis ist der Allrounder, der orangene Mandarinkürbis besitzt ein fruchtig süßes Fruchtfleisch, der dekorative Carnival ist als Rohkost, zum Braten und für Soßen zu empfehlen. Der Muscade de Provence ist mit seinem feinen Muskatgeschmack der Tipp für engagierte Köche. Und der Stripetti lässt sich sehr gut für Salate und Suppen verwenden.

Aus Kürbissen lassen sich nicht nur Speisen zubereiten. Kinder schnitzen gerne Gesichter in ausgehöhlte Kürbisse, setzen Kerzen oder andere Leuchtkörper ins Innere. Wenn es im Herbst dann wieder früher dunkel wird, gehen sie damit auf die Straßen, um die Menschen zu erschrecken, was diese dann auch Gefallens halber tun.

Dass der Hegau eine besonders geeignete Gegend für die Aufzucht von Kürbissen ist, beweist eine engagierte Gruppe junger Menschen aus Büßlingen. Sie veranstalten einen Wettbewerb, wer den größten und schwersten Kürbis gezüchtet bekommt. In den ersten Jahren genügte noch ein Gewicht von 230 Kilo zur Meisterschaft. 2019 brachte dann das größte Exemplar bereits 450 Kilo auf die Waage.

Adresse zum Beispiel Obsthof Hertle, Ludwigshafener Straße 37, 78333 Stockach (bietet besonders große Auswahl und gestaltet auch kleine Kunstwerke aus Kürbissen) | Anfahrt direkt an der A98, Ausfahrt Stockach-Ost gelegen | Öffnungszeiten Mo–Fr 7.30–18.30 Uhr, Sa und So 7.30–18 Uhr | Tipp Die Kürbisse von Büßlingen sind bis Anfang Oktober beim Bürgerzentrum Linde im Ortszentrum zu bewundern.

101__Das Seilerhaus

Eine Reeperbahn am Bodensee

Achtung! Wenn sich jetzt vergnügungshungrige Männer nach Stockach auf den Weg machen, um dort ein erotisches Abenteuer zu erleben, werden sie eine Enttäuschung erleben. Reeperbahn ist nämlich der alte Begriff für das lang gestreckte Gebäude einer Seilerei. Hier wurden früher lange Seile hergestellt, ebenso in St. Pauli.

Die Seilerei und Flechterei Muffler in Bodenseenähe ist eine hochmoderne. Dazu braucht es heute kein langes Gebäude mehr, die Seile werden in der gewünschten Länge auf Rollen gewickelt. Waren Seile früher besonders für die Segelschifffahrt erforderlich, produziert die Firma inzwischen Spezialanfertigungen für die Industrie, natürlich immer noch für die Schifffahrt und den Segelsport sowie für die Freizeit und die Fastnacht.

Während der Fasnacht gibt es in Überlingen, Markdorf und Weingarten eine ganz besondere Attraktion, das Karbatschenschnellen. Dazu werden von der Firma Muffler spezielle Seile mit Handgriff angefertigt. Diese Seile werden so geschwungen, dass sie einen lauten Knall erzeugen. Das ist gar nicht so einfach und erfordert viel Training, denn es kann durchaus passieren, dass einem mal das Seil um die Ohren fliegt. Übrigens: Das Karbatschenschnellen ist nur von Dreikönig bis zur Fasnet erlaubt.

Neben dem Fabrikationsgebäude in der Seerheinstraße gibt es in der Stockacher Stadtmitte ein Seilereimuseum. Es ist in der alten Seilerei untergebracht, in der 220 Jahre lang Seile hergestellt wurden. Das Museum zeigt, wie viele Arbeitsschritte notwendig sind, bis ein Seil fertig ist. Das beginnt mit dem Anbau und der Ernte des Rohmaterials Hanf, dessen Aufbereitung weitere viele Stationen erfordert, bevor mit dem Drehen des Seils begonnen werden kann.

Bei der Führung »plus« kann man sogar selbst ein Seil herstellen, das dann sozusagen als »Trophäe« mit nach Hause genommen werden kann.

Adresse Seilerei und Flechterei Muffler, Produktion mit Verkauf: Seerheinstraße 4; Seilermuseum: Kirchhalde 1, 78333 Stockach | **ÖPNV** Museum: 10 Gehminuten vom Bahnhof | **Anfahrt** A98, Ausfahrt Stockach-Ost, Richtung Ludwigshafen, beim 1. Kreisverkehr links ab in das Industriegebiet und dann noch einmal rechts, 1. Firma rechts | **Öffnungszeiten** Führung durchs Museum buchen unter Tel. 07771/4545 oder www.seilermuseum.de | **Tipp** Im Haus des Seilermuseums ist ein sehr gemütliches Café untergebracht, das natürlich in der Einrichtung viele Elemente der Seilerei aufnimmt.

102 Das Tor zum Bodensee

Grüß Gott und Adieu als Kunstwerk

Man fährt auch als Einheimischer mehrere Male an dem Kunstwerk, das auf dem Kreisverkehr beim Industriegebiet Blumhof steht, vorbei, bis man es versteht. Zwei 5,50 Meter hohe Säulen lehnen aneinander, außen glatt geschnitten, innen eigenartig verformt. Die meterdicke, innere Schnittfläche ist grün gefärbt. Bei näherem Hinschauen besteht sie aus mehreren versetzten Acrylplatten, die sich in südlicher Richtung nähern und an der oberen Spitze sogar berühren. Und dieser innere Raum hat die Kontur des Bodensees. Es ist eine sehr gelungene Plastik, ein raffiniertes »Grüß Gott am Bodensee«. Entstanden ist es im Jahre 2010, geschaffen von der in Stockach lebenden Künstlerin Ursula Haupenthal.

Wer ist diese Künstlerin? Ursula Haupenthal ist nicht nur Bildhauerin, die ihre Werke in der ganzen Welt, vor allem auch in Japan, ausstellt. Sie ist auch Komponistin, Schmuckgestalterin, Fotografin, Schriftstellerin und Klangkünstlerin. Gerade der Werkstoff Metall hat es ihr besonders angetan. Sie bezeichnet ihn als fünftes Element. Und sie bringt dieses Material zum Klingen. Zum Beispiel streicht sie mit einem Kontrabassbogen an einer dünnen Metallplatte entlang und erzeugt damit herrliche, sphärische Klänge. Intensiver und voluminöser wird dieses Klangerlebnis noch in Konzerten, wenn ihr Spiel zusammen mit einer Violine, einem Saxophon oder einer Singstimme zu hören ist.

Zurück zur Bildhauerei! Bei der Arbeit am »Tor zum Bodensee« wurde aus einer Aluminiumplatte die Kontur des Bodensees geschnitten. Aus der Hälfte des ausgeschnittenen Stückes entstand ein neues Kunstwerk, »Landscape, Spring 2011«, welches bei der Gartenschau viel Beachtung erfuhr. Es war sozusagen Recycling auf hohem Niveau.

Übrigens, man könnte doch dem »Tor zum Bodensee« eine besondere Wertschätzung zukommen lassen, indem man es augenzwinkernd als »Arc de Triomphe du Lac de Constance« tituliert.

Adresse im Kreisel vor dem Gewerbegebiet Blumhof zwischen 78333 Stockach und Ludwigshafen | Anfahrt A98, Ausfahrt Stockach-Ost, direkt vor der Ausfahrt | Tipp Unmittelbar beim Kunstwerk gibt es ein großes, modernes Café mit Blick auf das »Tor zum Bodensee«.

103 Das Diorama im Rathaus

Eine Darstellung der Schlacht von Stockach von 1799

Ein Diorama ist ein Schaukasten, in dem Szenen mit Modellfiguren und Landschaften vor einem bemalten Hintergrund dargestellt werden. Im ehemaligen Rathaus von Raithaslach ist in solch einem Diorama die Schlacht von Liptingen und Stockach im Jahre 1799 dramatisch dargestellt. Unzählige Figuren in unterschiedlichen Uniformen liefern sich dramatische Kampfszenen.

Der Hersteller eines solchen Dioramas muss nicht nur ein guter Künstler sein, der Figuren samt Zubehör wie Gewehr und Säbel anatomisch und stilsicher erschaffen kann. Der Künstler muss sich auch mit der Geschichte auskennen und das Thema gut recherchiert haben. Angefangen bei den Uniformen und der militärischen Ausrüstung über die tatsächlichen Orte des Geschehens bis hin zu dessen Verlauf.

Die Schlacht fand im Rahmen der sogenannten Koalitionskriege im Frühjahr 1799 statt. Zu den Auseinandersetzungen, die letztendlich zugunsten der Österreicher und ihrer Verbündeten entschieden wurde, gehörte die Schlacht von Stockach und Liptingen am 25. März. Egal, wie solche Schlachten ausgehen, sie kosten immer sehr viele Menschen das Leben. Allein während des entscheidenden Gefechts vor Liptingen fielen in wenigen Stunden mehr als 1.000 Soldaten. Dass bei solchen Kämpfen auch die Bevölkerung zu leiden hatte, wird meistens nicht erwähnt.

Am Ende der Koalitionskriege, die Napoleon schließlich gewann, wurde ganz Europa neu eingeteilt. Für die Stockacher und Liptinger Bevölkerung hatte dies zur Folge, dass sie danach nicht mehr zu Österreich, sondern ein paar Jahre zum ungeliebten Württemberg und dann zu Baden gehörten, wo es ihnen wieder besser ging. Es ist wichtig, solche Ereignisse darzustellen, wie es das Diorama anschaulich tut.

Übrigens, in der Weihnachtszeit werden sehr viele Dioramen aufgebaut, in Kirchen und in Wohnhäusern, nämlich in Form von Krippen.

Adresse Konradstraße 20, 78333 Stockach-Raithaslach | Anfahrt B14 Richtung Tuttlingen bis Windegg, am Ortseingang links nach Raithaslach abbiegen | Öffnungszeiten Besichtigung in Absprache mit dem Rathaus Stockach-Kulturamt | Tipp Wohl zu den bekanntesten Figuren, die sowohl in Krippen als auch zu anderen Zwecken verwendet werden, zählen die Terrakotten von Anton Sohn, die man im Stadtmuseum Stockach zu sehen bekommen kann.

104__Die Mosterei Baur

Ökologie, hocheffizient und nachhaltig

Wer heute einen Apfelsaft im Supermarkt kauft, ahnt vermutlich nicht, welch langen Weg dieses Getränk schon auf dem Buckel hat. Denn die Äpfel dazu stammen von Obstplantagen aus ganz Mittel- und Osteuropa. Sie werden in großen Lkws zu den Großmostereien gekarrt, wo sie zu Apfeldicksaft verarbeitet und gelagert werden. Nach Bedarf transportiert man den Dicksaft zu den Apfelsaftherstellern, wo er wieder verdünnt und abgepackt wird. Von dort gelangt er in die Logistikzentralen der Marktketten und schließlich in die Regale der Supermärkte. Da hat das Obst gerne mal eine Reise von 1.000 Kilometern hinter sich.

Bei der Mosterei Baur in Raithaslach kommen die Äpfel von den Streuobstwiesen der Umgebung, die nur wenige Kilometer entfernt sind. Schon kurze Zeit nach der Anlieferung fließt das gepresste, eigene Obst größtenteils in die mitgebrachten Mostfässer des Lieferanten. So hat dieser das ganze Jahr seinen eigenen Most im Keller, den er nach allen Regeln der Mostkunst hegt und pflegt. Wer lieber das ganze Jahr über unvergorenen Apfelsaft trinken will, dem wird er in abgekochter Form geliefert. So etwas nennt man perfekte Nachhaltigkeit. Und wenn mal in einem Jahr die Obsternte besonders üppig ausfällt, ist das für die Baurs auch kein Problem, dann entstehen aus den überschüssigen Früchten preisgekrönte Schnäpse und Liköre.

Aus ökologischer Sicht sind die Streuobstbäume, von denen das Obst stammt, das Besondere am Ganzen. Sie werden nie gespritzt, nur behutsam geschnitten und dürfen jahrzehntelang leben. Auf ihnen wachsen alte, resistente Sorten, welche dem Most ein besonderes Aroma verleihen. Diese Grundstücke sind kleine Naturparadiese, in denen es nur so wimmelt von unterschiedlichem Getier, bis zu 1.000 verschiedene Arten finden hier ihre Heimat, mitten in einer Agrarlandschaft, wo zugunsten des Ertrags fast kein Tierleben mehr möglich ist.

Adresse Steigäcker Straße 25, 78333 Stockach-Raithaslach | **Anfahrt** B14 von Stockach Richtung Tuttlingen, am Ortsanfang von Windegg nach links über Mahlspüren auf der Konradstraße nach Raithaslach, in Ortsmitte in die Steigäckerstraße wechseln | **Tipp** Die Mosterei hat auch ein kleines Lädele eingerichtet, in dem die preisgekrönten Brennereiprodukte probiert und gekauft werden können.

105 Der Heckerzug

Ein kleines Dorf zeigt große Begeisterung

Da ihm die Reformen im Erzherzogtum Baden nicht weit genug gingen, rief der radikale Demokrat Friedrich Hecker am 12. April 1848 die Republik aus. Er wollte sie mit allen Mitteln durchsetzen und forderte die Bevölkerung zu einem bewaffneten Marsch auf, um die Monarchie in Baden zu stürzen. Mit feurigen Reden konnte er etliche junge Männer begeistern, an dem Vorhaben teilzunehmen. Eine der ersten Stationen dieses nach ihm benannten Heckerzuges war das kleine Dorf Wahlwies, das ihm einen großartigen Empfang bereitete. Auf einem Triumphbogen stand »Vivat Republik«. Anführer der Wahlwieser Aufständler waren der Adlerwirt Sebastian Kramer und der Landarzt Dr. Johann Gegauf, sie trugen stets den berühmten Heckerhut auf dem Kopf. Beide beteiligten sich rege an allen politischen Aktivitäten, die vor Ort auch gegen die Herren von Bodman gerichtet waren. Der Heckerzug machte aber nur kurz in Wahlwies Halt und zog dann weiter, kreuz und quer durch den Schwarzwald, immer auf der Flucht vor dem Militär. Am 20. April kam es bei Kandern zum Zusammenstoß. Die 700 Freischärler waren chancenlos gegen die 3.000 wesentlich besser bewaffneten hessischen und badischen Soldaten.

Nach der Niederlage flohen Kramer und Gegauf in die Schweiz, stellten sich dann aber den Behörden. Gegauf wurde wegen Hochverrats angeklagt, er verlor seine Bürgerrechte, musste 500 Gulden Strafe zahlen und wurde zu einem Jahr Zuchthaus verurteilt. Auch Kramer, dessen Gasthaus Treffpunkt der Revolutionäre war, wurde festgenommen und kam nach Stockach ins Gefängnis. Sein Barvermögen wurde eingezogen.

Nach Absitzen der Strafe konnten beide wieder nach Wahlwies zurückkehren. Gegauf durfte wieder als Landarzt arbeiten, Kramer seine Wirtschaft führen. Beide engagierten sich auch danach für das Gemeinwohl, allerdings nicht mehr so rebellisch. Bis zum heutigen Tag ist das Gasthaus Adler im Besitz der Familie Kramer geblieben.

Adresse Gasthaus Adler, Leonhardstraße 29, 78333 Stockach- Wahlwies | Anfahrt A98, Ausfahrt Stockach-West, Richtung Radolfzell, unter der Autobahnausfahrt durchfahren und sofort rechts nach Wahwies abbiegen | Öffnungszeiten Mi–Fr 17.15–22 Uhr, Sa und So 11.30–13.30 und 17.15–22 Uhr | Tipp Im Gasthof hängt noch eine Erinnerungstafel an den Heckerzug. Nebenbei gilt der Adler als Geheimtipp für Feinschmecker in der Bodenseeregion.

106 Der dicke Graf

Vom korpulenten Helden zur Fasnetsfigur

Im Jahre 1519 brannte der vordere Teil der Burg in Tengen lichterloh. Angeblich wurde der Ofen, der das Badewasser für den korpulenten Schlossherrn hätte liefern sollen, so überhitzt, dass die ganze Burg dadurch in Brand geriet. Als der Burgherr, Graf Christoph, das Feuer entdeckte, weckte er das Gesinde und rettete unter Einsatz seines Lebens sogar den Hofnarren. Leider verbrannte damals das Archiv, sodass Historiker nur mit Hilfe anderer Archive die Geschichte der Stadt im Hegau erforschen können.

Christoph von Tengen fiel aufgrund seiner Statur auf. Er wog anscheinend fünf Zentner, also 250 Kilo. Das ist fast nicht zu glauben, denn die Ernährungslage war in dieser Zeit nicht besonders rosig. Doch es ist bewiesen, dass Kaiser Karl der V. bei seinem Reichstag in Augsburg, sozusagen als Attraktion, nicht nur den größten und kleinsten Mann in seinem Reich, sondern auch den dicksten zu Gast hatte. Und das war unser Graf Christoph von Tengen. Reich beschenkt durch den Kaiser kehrte er dann in seine Heimat zurück.

Nach dem Brand wohnte Christoph in Radolfzell und führte wohl ein interessantes (Liebes-)Leben. Auch die Gräfin von Zollern zeigte Interesse an dem übergewichtigen Mann, sein Werben hatte Erfolg. Bei der Hochzeit sorgte sich ein Vetter von ihr, dass so eine zarte Braut bei einem so schweren, ungefügen Mann leicht erdrückt werden könne. Da antwortete sie sehr humorvoll, er solle sich nicht sorgen: Es sei noch keine Maus, und sei sie noch so klein, je unter einem Heuhaufen erstickt.

Heute kann man das Gewicht des Grafen durchaus medizinisch erklären, er könnte unter Stoffwechselstörungen gelitten haben.

Der Narrenverein Kamelia 1893 hält die Geschichte des dicken Grafen auf seine Weise in Ehren. Als Einzelfigur schreitet er bei Umzügen würdig gekleidet und mit einer schön gestalteten Maske durch die Straßen der kleinen Stadt.

Adresse Ruine Hinterburg, 78250 Tengen | Anfahrt A81, Ausfahrt Engen-West, L191, L224 nach Tengen | Tipp Tengen gehört zu den kleinsten Städten Deutschlands mit einem mittelalterlichen Stadtkern. Dieser beginnt am pittoresken Stadttor und endet mit der Ruine Hinterburg, wo der dicke Graf gewohnt hat.

107 Der schwarze Schwan

Symbol mit doppelter Bedeutung

Einen traurigen Eindruck macht er nicht, der auch als Trauerschwan bezeichnete schwarze Schwan in seinem Gehege neben dem Eingang des Restaurants Bibermühle. Man hat eher das Gefühl, er genießt die bewundernden Blicke der Restaurantbesucher, die wegen seines Seltenheitswerts und seiner besonderen Eleganz den Weg hierher gefunden haben. In der Tat gibt es nur wenige schwarze Schwäne hier im Südwesten. In den Niederlanden und in Nordrhein-Westfalen sieht es etwas anders aus. Seine Heimat ist Australien und Neuseeland, dort hat er es sogar in das Wappen von Westaustralien geschafft.

Der schwarze Schwan unterscheidet sich nicht nur durch seine Farbe von dem bei uns verbreiteten weißen Schwan. Sein Hals ist länger, was ihm auch das Gründeln in tieferen Wässern erlaubt. Er kann bis zu 140 Zentimeter groß werden, seine Flügelspannweite beträgt bis zu 200 Zentimeter. Wenn er fliegt, kommen seine weißen Schwungfedern zum Vorschein und unterstreichen seine ohnehin besondere Schönheit noch einmal. Seine Stimme ist wesentlich lauter als die unseres einheimischen Schwans, das »Trompeten« ist weithin hörbar. Trauerschwäne sind nicht von Beginn an schwarz, die Küken sind grau und brauchen etwa ein Jahr, bis sie sich zu einem richtigen schwarzen Schwan gemausert haben.

Unser Blumenfelder Schwan hat sein Gehege im Auslauf des Wasserfalls an der Bibermühle. Eine Flucht aus diesem Revier ist nicht möglich, da er eine Anlaufbahn von circa 50 Metern benötigt, um sich in die Luft zu erheben.

Der Begriff »Schwarzer Schwan« wird auch in der Finanzwirtschaft verwendet. Dort bedeutet er ein »historisches, ökonomisches, wirtschaftliches oder persönliches Ereignis, das von Beobachtern einerseits nicht vorhergesagt wurde, andererseits massive Folgen hat« (Nassim Taleb). Ein Beispiel dafür ist die durch Covid 19 verursachte weltweite Wirtschaftskrise.

Adresse Untere Mühle 1, 78250 Tengen | Anfahrt B314 von Tengen nach Blumenfeld, die Bibermühle ist gut sichtbar ausgeschildert, das Gehege befindet sich unterhalb des Wasserfalls | Tipp Die Bibermühle ist weithin bekannt als Restaurant mit sehr feiner Küche. Auch für Tagungen sehr gut geeignet.

108 Der römische Gutshof

Fast wie im Schlaraffenland

Wen wundert es, dass die Römer das Gebiet des heutigen Hegaus schon im 1. Jahrhundert nach Christus eroberten. Die Vorteile dieser Landschaft war den Regierenden in Rom bestens bekannt. Während in Italien die Hitze der Sommermonate sinnvolle Arbeit fast unmöglich machte, waren auf der Schwäbischen Alb die Kälte und der Wassermangel sehr lebensfeindlich. Da war der Hegau als Lebensraum ideal. Hier wuchs fast alles, was die kulinarischen Ansprüche der Besatzer zufriedenstellte. Selbst Wein gedieh in brauchbarer Qualität, was heute noch Spitzenweine aus der Gegend beweisen.

Um die Versorgung ihrer Truppen zu gewährleisten, richteten die Römer Gutshöfe ein. Selbst hier wurde römische Kultur und Lebensart, so gut es ging, in das eroberte Land transferiert. Der zweitgrößte Gutshof des gesamten Besatzungsgebiets im heutigen Süddeutschland lag bei Büßlingen. Auf einer Fläche von 5,4 Hektar standen sieben teilweise sehr große Gebäude. Zentrum des Anwesens war das Herrenhaus mit zehn Zimmern, zwei davon ausgestattet mit einer Boden-Wand-Heizung. Ein teilweise überdachter 600 Quadratmeter großer Innenhof garantierte eine private Atmosphäre. Für weiteren Luxus sorgte das Badehaus. Es besaß einen Umkleideraum, ein Kaltbad, ein Laubad und ein Heißbad. Ein kleiner Tempel in unmittelbarer Nähe lud zum Gebet ein.

Für den wirtschaftlichen Betrieb gab es ein Gesindehaus und sehr große Lagerräume und Scheunen. Schließlich mussten ja die Ernte und die landwirtschaftlichen Geräte irgendwo untergebracht werden. Das ganze Areal war von einer schützenden Mauer umgeben.

Der Gutshof wurde etwa um 80 n. Christus erbaut und nach 263 aufgegeben. Er war also fast 200 Jahre in Betrieb, bis die Alamannen unser Gebiet eroberten. Anstatt wie üblich alles Römische zu zerstören, verwendeten sie doch noch einige Gebäude für ihre eigenen Zwecke.

Adresse 78250 Tengen-Büßlingen, Gemarkung Binningen | Anfahrt von Tengen B314 nach Büßlingen, von dort ist der römische Gutshof ausgeschildert | Tipp Im Hegau-Museum Singen ist eine größere Abteilung den Funden aus dem römischen Hofgut gewidmet.

109__Pfarrer Eugen Weiler

Fluchthelfer, KZ-Häftling, Lkw-Fahrer und Priester

Im Sommer 1942 bittet ein Mitbruder den Wiechser Pfarrer, einer Jüdin aus Berlin bei der Flucht in die Schweiz zu helfen. Da er sich auf der Gemarkung gut auskennt, geleitet er sie über die Grenze, was sie vor dem sicheren Tod bewahrte. Voller Freude erzählt die Jüdin dies einem Schweizer Grenzbeamten, der umgehend darüber einem deutschen Zöllner berichtet.

Die Folgen für den Pfarrer kann man sich vorstellen. Schon am 1. Juni 1942 wird er von der Gestapo verhaftet und nach Konstanz ins Gefängnis gebracht. Aber anstatt nach ein paar Monaten wieder entlassen zu werden, wurde er ins KZ Dachau deportiert, wo er bis zur Befreiung im April 1945 als Häftling durchhielt. Schon im September konnte er nach überstandener schwerer Krankheit wieder in seine alte Gemeinde zurückkehren, wo er bis zu seinem Tod im Jahre 1992 tätig blieb.

Weiler war ein sehr umtriebiger Mensch, der sein Leben lang ungewöhnliche Wege beschritt. So schaffte er sich einen Magirus-Lastwagen an, mit dem er nicht nur das Holz aus dem Kirchenwald abtransportierte, sondern auch Baumaterialien für die Ortsbewohner besorgte. Sogar die neue Glocke für die Kirche holte er selbst bei der Gießerei ab. Eine besondere Fleißarbeit leistete er, indem er eine sehr umfangreiche Dokumentation über katholische Priester im KZ anfertigte. Für diese Arbeit erhielt er das Bundesverdienstkreuz.

Die Reformen des Zweiten Vatikanischen Konzils konnte und wollte er allerdings nicht anerkennen. Bei ihm gab es weder Bußandachten noch Handkommunion, er predigte weiter von der Kanzel und hielt seinen Gottesdienst immer mit dem Rücken zur Gemeinde. Einen Pfarrgemeinderat versuchte er mit allen Mitteln zu verhindern. Gegen Ende seiner Amtszeit wurde er aufgrund seiner unnachgiebigen Haltung in seinem Ort immer unbeliebter, auch weil er sich einer erzkonservativen Glaubensbewegung angeschlossen hatte.

Adresse Grab von Pfarrer Weiler direkt neben dem Eingang zur Friedhofskirche, 78250 Tengen-Wiechs am Randen, Achtung: 100 Meter hinter dem Friedhof verläuft schon die deutsch-schweizerische Grenze | Anfahrt von Tengen auf der »Hauptstraße« direkt nach Wiechs am Randen | Tipp Das Gasthaus Sonne in der Hauptstraße ist weithin bekannt für seine erlesene Küche.

110 Der Goldbacher Stollen

Ein düsteres Kapitel unserer Regionalgeschichte

Nach mehreren schweren Luftangriffen auf die Stadt Friedrichshafen mit ihren Rüstungsfabriken beschloss man in Berlin, die Fabrikanlagen in den Untergrund zu verlegen. Dafür waren die Molassefelsen in der Nähe von Überlingen sehr geeignet, da es sich um ein weiches, leicht aushöhlbares Gestein handelte und die Bahnlinie unmittelbar daran vorbeiführte.

Die Arbeiten begannen im Juni 1944 und sollten in 100 Tagen fertig sein. Das war aber nicht möglich ohne einen massiven Personaleinsatz. Deswegen forderte man im KZ Dachau 700 Häftlinge an, die am 3. Oktober eintrafen. Für die Unterbringung der Zwangsarbeiter wurde in 1,5 Kilometer Entfernung bei Aufkirch ein Außenlager eingerichtet. Es bestand aus den Schlafbaracken, einer Küchenbaracke mit Krankenstation und einem Appellplatz. Außerhalb des Geländes waren Unterkünfte für die SS, das Wachpersonal und der Hundezwinger untergebracht. Das Gelände war mit einem doppelten Stacheldrahtzaun umgeben, auf dem sich elektrisch geladene Drähte befanden.

An den Ecken konnten die Wachen von Türmen aus stets das Gelände überblicken, nachts mit Hilfe von Scheinwerfern.

Die unterernährten Gefangenen arbeiteten im Stollen täglich zwölf Stunden in zwei Schichten. Ihre Tätigkeit bestand hauptsächlich aus der Arbeit mit dem Presslufthammer und dem Abtransport des Gerölls in Loren. Für die Gefangenen gab es keinerlei Arbeitsschutz. Bei Sprengungen durften sie sich nicht in einen sicheren Bereich zurückziehen, durch herunterfallende Felsbrocken wurden viele Häftlinge getötet oder schwer verletzt. Im April 1945 erreichte die französische Armee unsere Region und befreite die Gefangenen.

Beim Bau des Stollens starben 243 Häftlinge, fast alle durch Auszehrung und Misshandlung. Zuerst wurden viele von ihnen in einem Wäldchen verscharrt. Später fanden sie ihre Ruhe auf einer Gedenkstätte in der Nähe der Birnau.

Adresse Dokumentationsstätte Goldbacher Stollen, Obere Bahnhofstraße 28, 88662 Überlingen | Anfahrt B31, K7772, auf Bahnhofstraße, auf Obere Bahnhofstraße, einige Parkplätze vor der Gedenkstätte | Öffnungszeiten öffentliche Führungen am 1. Fr im Monat und Mai–Sept. am 3. Fr des Monats 17 Uhr | Tipp Auf der anderen Seite des Bahngleises erstreckt sich das ehemalige Gelände der Landesgartenschau.

111 Der alte Postweg

Wanderlustiger Geografieunterricht

Dass die Römer über Jahrhunderte ein solch großes Reich beherrschen konnten, lag unter anderem an der schnellen Kommunikation und an der Beweglichkeit der Truppen. Dafür bauten sie sich ein umfangreiches Wegenetz mit gut befestigten, geraden Straßen mit möglichst wenig Steigungen. Erst um 1500 entstand in Deutschland ein Post- und Reiseverkehr im heutigen Sinne. Dafür waren gute Verkehrsverbindungen notwendig. Zu diesem Zweck wurde im Jahre 1561 auch unser Postweg eingerichtet, mit Hilfe dessen Nachrichten von Engen bis ins Elsass geschickt werden konnten. Ab 1700 bevorzugte man allerdings andere Routen, der Weg verlor an Bedeutung.

Umso erfreulicher ist es, dass man diese Vergangenheit wieder aufleben ließ, indem man eine besonders beliebte Wanderroute als »alten Postweg« bezeichnete. Die gut neun Kilometer lange Wanderung beginnt an der »Alten Postweghütte«, die am Wanderparkplatz ziemlich in der Mitte zwischen Leipferdingen und Watterdingen liegt. Man geht zuerst Richtung Napoleonseck und passiert dabei einen traumhaften Aussichtspunkt nach dem anderen. Der höchste Punkt der Wanderung ist der Bisberg mit seinen 767 Metern. In der Nähe entspringt auch die Biber. Das 31 Kilometer lange Flüsslein ist wahrlich international, denn es wechselt bis zur Mündung mindestens zehnmal über die Grenze. Der schönste Teil befindet sich in Blumenfeld, wo die Biber in einem spektakulären Wasserfall hinabfällt, der das riesige Mühlrad der Bibermühle antreibt.

Etwa ein paar hundert Meter vom Ausgangspunkt entfernt steht eine in dieser Größe und Informationsdichte wohl seltene Panoramavitrine. Sie zeigt die Hegaulandschaft mit den dahinterliegenden Alpen. Über hundert Berge sind in beeindruckender Schärfe zu erkennen, und jeder einzelne Gipfel ist inklusive Höhenangabe bezeichnet. Es ist eine fototechnische Meisterleistung des Tuttlinger Landschaftsfotografen Stanislaus Plewinski.

Adresse Postweghütte zwischen 78250 Watterdingen und 78187 Leipferdingen | Anfahrt B314, nach Watterdingen, von dort auf der Friedhofstraße weiter bis zum ausgezeichneten Wanderparkplatz | Tipp Der Postweg ist einer der wenigen Wanderwege, die rollstuhlgerecht ausgebaut sind.

1
Stetten
Zimmerholz
Leipferdingen
Bittelbrunn
22
21
27
25
24
26
Engen
20
23
111
Aach
1
Watter-
dingen
2
Neuhausen
A81
Ehingen
Welschingen
Volkerts-
hausen
A98
Blumenfeld
107
Deutschland
Mühlhausen
Schlatt unter
Krähen
55
Beuren an
der Aach
Beuren am
Ried
40
Weiter-
dingen
42
86
Hausen an
der Aach
Büßlingen
Duchtlingen
Radolfzeller Ach
108
Friedingen
Schlatt am
Randen
A81
Hilzingen
Singen (Hohentwiel)
Riedheim
37
38
85
91
83
41
Twielfeld
39
88
90
84
87
92
89
Thayngen
Bietingen
75
34
Rielasingen-
Worblingen
Gottmadingen
76
Randegg
35
Radolfzeller Ach
Ramsen
71
Dörflingen
Büsingen am
Hochrhein
Gailingen am
Hochrhein
13
33
14
Diessenhofen
Rhein
Hemishofen
Schweiz
94
95
96
97
Basadingen
Stein
am Rhein
Öhningen
Schlatt
Schlattingen
2 km
Kaltenbach
28
58
Eschenz

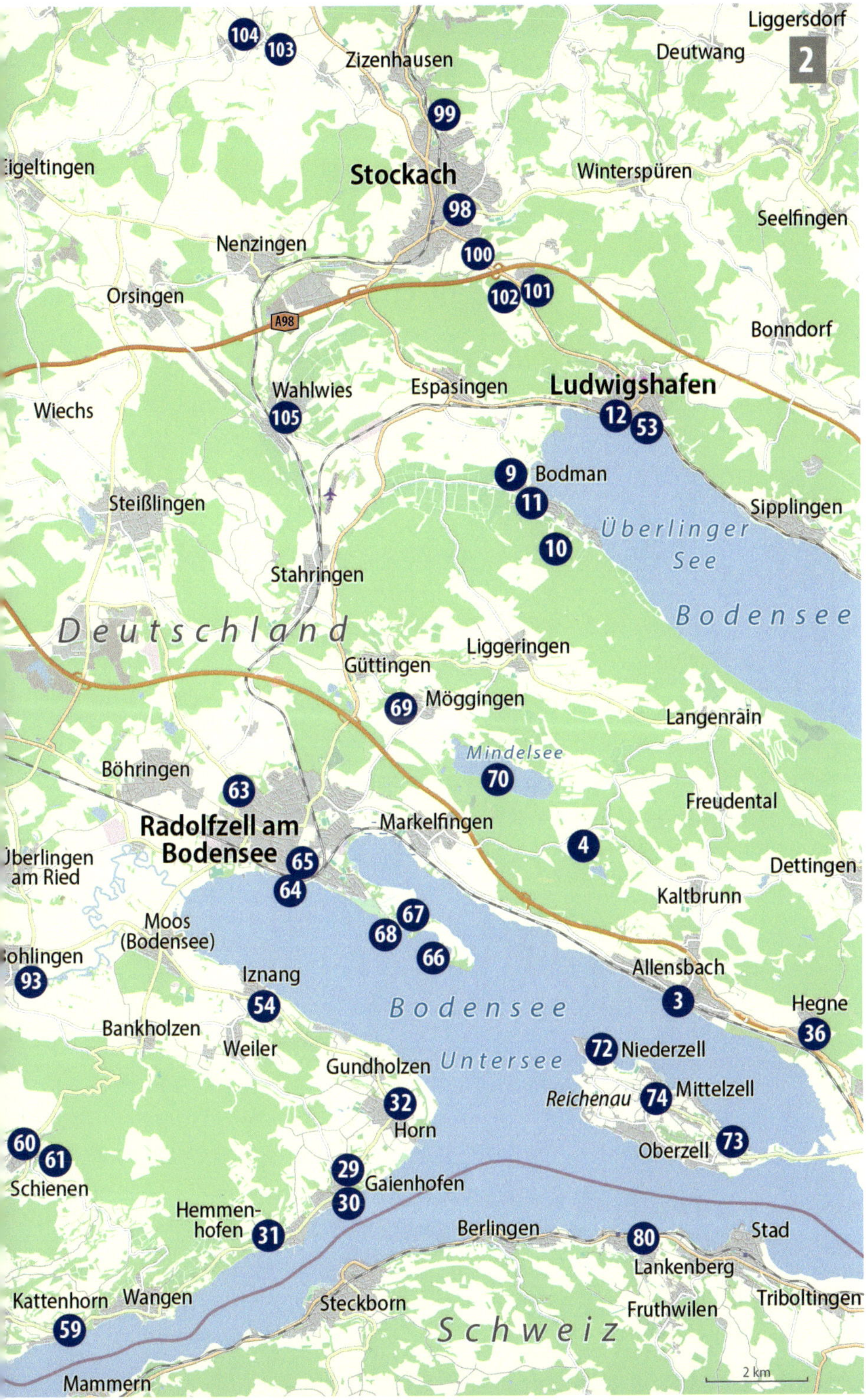
2
Liggersdorf
Deutwang
Zizenhausen
Stockach
Winterspüren
Seelfingen
Bonndorf
Eigeltingen
Nenzingen
Orsingen
A98
Wahlwies
Espasingen
Ludwigshafen
Wiechs
Bodman
Sipplingen
Überlinger
See
Bodensee
Steißlingen
Stahringen
Deutschland
Liggeringen
Güttingen
Möggingen
Langenrain
Mindelsee
Böhringen
Freudental
Radolfzell am Bodensee
Markelfingen
Dettingen
Überlingen am Ried
Kaltbrunn
Moos (Bodensee)
Bohlingen
Allensbach
Iznang
Bodensee
Hegne
Bankholzen
Weiler
Niederzell
Gundholzen
Untersee
Reichenau
Mittelzell
Horn
Oberzell
Schienen
Gaienhofen
Hemmen-hofen
Berlingen
Stad
Lankenberg
Kattenhorn
Wangen
Steckborn
Fruthwilen
Triboltingen
Schweiz
Mammern
2 km
104
103
99
98
100
102
101
105
12
53
9
11
10
69
70
63
65
64
4
67
68
66
93
54
3
36
72
74
32
73
60
61
29
30
31
80
59

3
Owingen
Lippertsreute
Rickenbach
Aach
Bambergen
Hödingen
Neuweiher
Aufkirch
Andelshofen
Stefansfeld
Tüfingen
77
Goldbach
110
Überlingen
Deisendorf
Mimmerhausen
78
79
Mendlishausen
Nußdorf
Deutschland
Wallhausen
Dingelsdorf
Mühlhofen
Überlinger See
Seefelder Aach
Oberuhldingen
Oberdorf
Schiggendorf
Unteruhldingen
Litzelstetten
Daisendorf
Mainau
Meersburg
Wollmatingen
Egg
Fürstenberg
Allmannsdorf
Petershausen-West
Staad
Konstanz
Bodensee
Petershausen-Ost
Paradies
47
50
Altstadt
Gottlieben
48
49
51
Tägerwilen
52
A7
Schweiz
Kreuzlingen
2 km
Bernrainzelg
Bottighofen

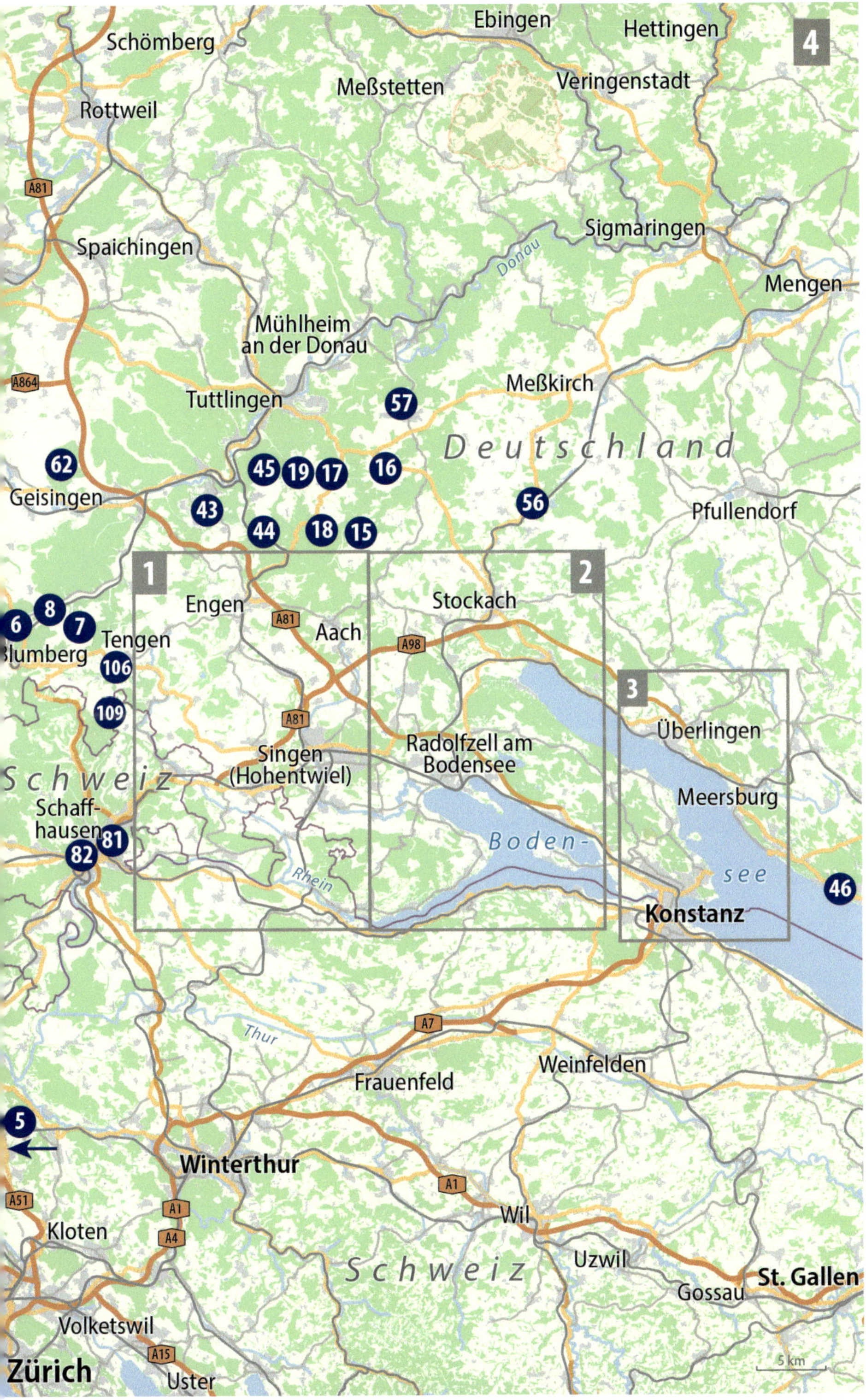
4
Schömberg
Ebingen
Hettingen
Rottweil
Meßstetten
Veringenstadt
A81
Spaichingen
Sigmaringen
Donau
Mengen
Mühlheim an der Donau
A864
Tuttlingen
57
Meßkirch
Deutschland
62
45
19
17
16
Geisingen
43
56
Pfullendorf
44
18
15
1
2
Engen
Stockach
6
8
7
A81
Aach
Tengen
A98
Blumberg
106
3
109
A81
Überlingen
Radolfzell am Bodensee
Singen (Hohentwiel)
Schweiz
Schaffhausen
81
82
Meersburg
Boden-
see
Rhein
46
Konstanz
A7
Thur
Weinfelden
Frauenfeld
5
Winterthur
A1
A51
A1
Wil
Kloten
A4
Uzwil
Schweiz
St. Gallen
Gossau
Volketswil
A15
Zürich
Uster
5 km

Erwin Ulmer
111 Orte in Ulm, um Ulm und um Ulm herum, die man gesehen haben muss
ISBN 978-3-7408-1482-3

Erwin Ulmer
111 Orte in Oberschwaben, die man gesehen haben muss
ISBN 978-3-7408-0860-0

Erwin Ulmer
111 Orte an der oberen Donau, die man gesehen haben muss
ISBN 978-3-95451-494-6

Hans-Peter Joseph Mayer
111 Orte in Heidelberg, die man gesehen haben muss
ISBN 978-3-7408-1981-1

Kirsten Elsner-Schichor
111 Orte im Nordschwarzwald, die man gesehen haben muss
ISBN 978-3-7408-2125-8

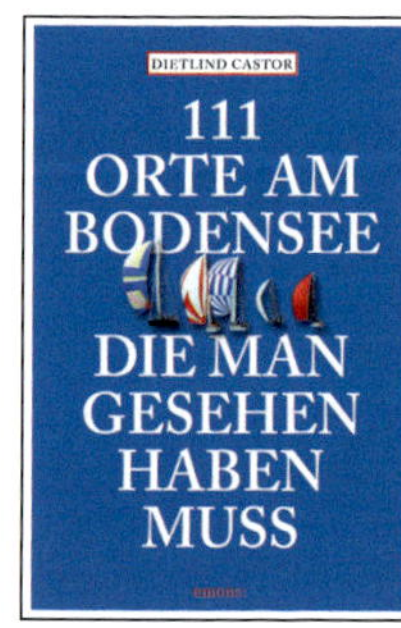

Dietlind Castor
111 Orte am Bodensee, die man gesehen haben muss
ISBN 978-3-7408-2232-3

Regina Urbach
111 Orte in Speyer, die man gesehen haben muss
ISBN 978-3-7408-1508-0

Kirsten Elsner-Schichor
111 Orte in Karlsruhe, die man gesehen haben muss
ISBN 978-3-7408-1804-3

Gabriele Kalmbach
111 Orte im Stuttgarter Umland, die man gesehen haben muss
ISBN 978-3-7408-1651-3

Gabriele Kalmbach
111 Orte in Stuttgart, die man gesehen haben muss
ISBN 978-3-7408-0974-4

Matz Kastning, Stefanie Knebel
111 Orte in Konstanz, die man gesehen haben muss
ISBN 978-3-7408-1207-2

Gertrud Steiger, Joachim Steiger
111 Orte im Odenwald, Spessart und an der Bergstraße, die man gesehen haben muss
ISBN 978-3-7408-1512-7

Ralf H. Dorweiler, Daniela Bianca Gierok
111 Orte im Südschwarzwald, die man gesehen haben muss
ISBN 978-3-7408-1082-5

Barbara Goerlich
111 Orte in und um Reutlingen, die man gesehen haben muss
ISBN 978-3-7408-1085-6

Ute Blessing
111 Orte im Remstal, die man gesehen haben muss
ISBN 978-3-7408-1356-7

Barbara Goerlich
111 Orte auf der schwäbischen Alb, die man gesehen haben muss
ISBN 978-3-7408-1303-1

Barbara Rieß
111 Orte in Freiburg, die man gesehen haben muss
ISBN 978-3-7408-1073-3

Barbara Rieß
111 Schätze der Kultur im Schwarzwald, die man gesehen haben muss
ISBN 978-3-7408-0555-5

Cornelia Lohs
111 Orte in Mannheim, die man gesehen haben muss
ISBN 978-3-7408-0554-8

Marion Rapp
111 Schätze der Natur rund um den Bodensee, die man gesehen haben muss
ISBN 978-3-95451-619-3

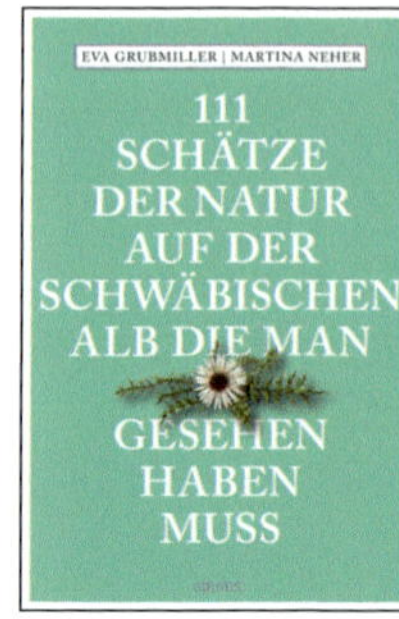

Eva Grubmiller, Martina Neher
111 Schätze der Natur auf der Schwäbischen Alb, die man gesehen haben muss
ISBN 978-3-7408-0248-6

Françoise Hauser
111 Orte im Heilbronner Land, die man gesehen haben muss
ISBN 978-3-95451-842-5

Karin Blessing
111 Schätze der Natur im Schwarzwald, die man gesehen haben muss
ISBN 978-3-95451-701-5

Katharina Sommer
111 Orte in und um Tübingen, die man gesehen haben muss
ISBN 978-3-95451-852-4

Cornelia Ziegler
111 Orte in und um Baden-Baden, die man gesehen haben muss
ISBN 978-3-7408-0134-2

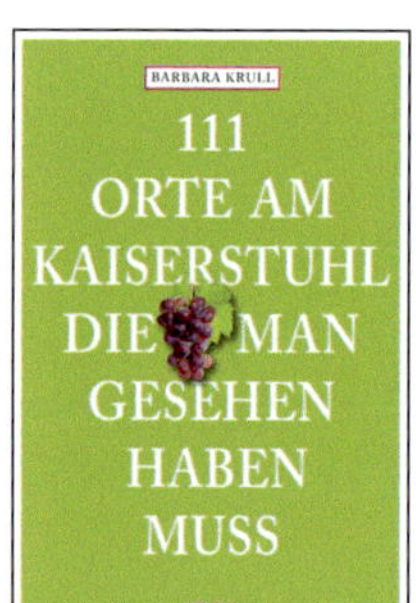

Barbara Krull
111 Orte am Kaiserstuhl, die man gesehen haben muss
ISBN 978-3-95451-562-2

Thomas Baumann
111 Orte in der Kurpfalz, die man gesehen haben muss
ISBN 978-3-89705-891-0

Joachim Steiger, Gertrud Steiger
111 Orte im Kraichgau, die man gesehen haben muss
ISBN 978-3-95451-232-4

Barbara Saladin
111 Orte in Baselland, die man gesehen haben muss
ISBN 978-3-7408-0122-9

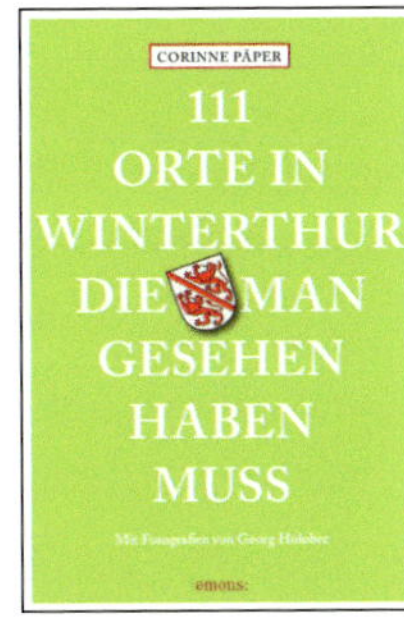

Corinne Päper
111 Orte in Winterthur, die man gesehen haben muss
ISBN 978-3-7408-2132-6

Oliver Zwahlen
111 Orte in Zürich, die man gesehen haben muss
ISBN 978-3-7408-1381-9

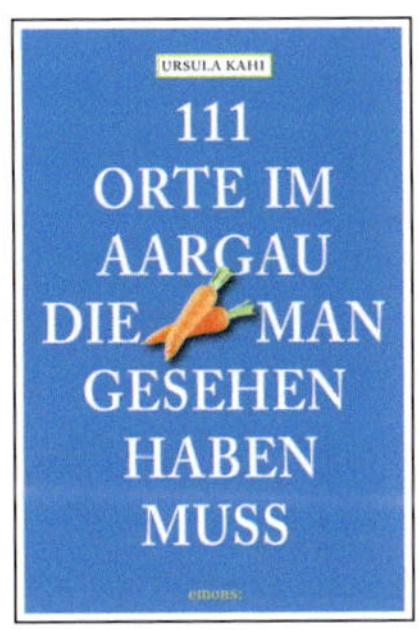

Ursula Kahi
111 Orte im Aargau, die man gesehen haben muss
ISBN 978-3-95451-537-0

Silvia Schaub, Nina Kobelt
111 Orte rund um den Säntis, die man gesehen haben muss
ISBN 978-3-7408-2041-1

Nina Kobelt, Silvia Schaub
111 Orte in St. Gallen, die man gesehen haben muss
ISBN 978-3-7408-1447-2

Christof Gasser, Barbara Saladin
111 Orte im Kanton Solothurn, die man gesehen haben muss
ISBN 978-3-7408-0975-1

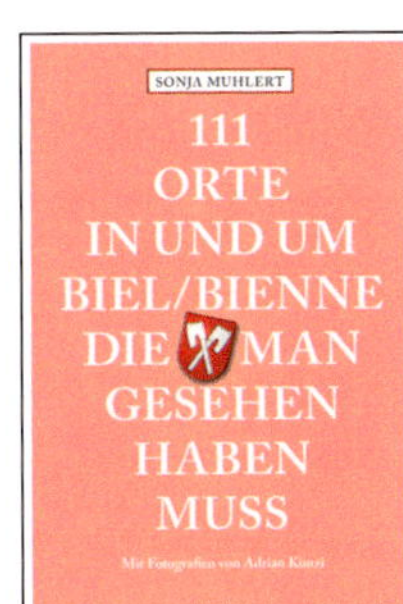

Sonja Muhlert
111 Orte in und um Biel/Bienne, die man gesehen haben muss
ISBN 978-3-7408-0340-7

Erwin Ulmer, geboren 1949, lebt seit 50 Jahren in Tuttlingen, am obersten Rand des Hegaus. Dieses schöne Fleckchen Erde mit seiner besonderen Landschaft, seiner Geschichte, seiner Kultur und seiner Natur fasziniert ihn immer mehr.